U0133912

1912
2022

ZHONGHUA BOOK COMPANY

中華書局創建110周年

我们希望国家社会进步，不能不希望教育进步；我们希望教育进步，不能不希望书业进步。我们书业虽然是较小的行业，但是与国家社会的关系却比任何行业为大。

——陆费逵

创新向未来

中华书局创建110周年
纪念文集

中华书局编辑部　编

中華書局

图书在版编目(CIP)数据

创新向未来：中华书局创建 110 周年纪念文集/中华书局
编辑部编. —北京：中华书局，2023.5
ISBN 978-7-101-16144-1

Ⅰ.创… Ⅱ.中… Ⅲ.中华书局-史料-文集
Ⅳ.G239.22-53

中国国家版本馆 CIP 数据核字(2023)第 044526 号

书　　名	创新向未来——中华书局创建 110 周年纪念文集
编　　者	中华书局编辑部
封面题字	刘德辉
责任编辑	梁　彦　张　昊
装帧设计	毛　淳
责任印制	管　斌
出版发行	中华书局
	(北京市丰台区太平桥西里 38 号　100073)
	http://www.zhbc.com.cn
	E-mail:zhbc@zhbc.com.cn
印　　刷	天津图文方嘉印刷有限公司
版　　次	2023 年 5 月第 1 版
	2023 年 5 月第 1 次印刷
规　　格	开本/787×1092 毫米　1/32
	印张 9¼　插页 2　字数 152 千字
国际书号	ISBN 978-7-101-16144-1
定　　价	68.00 元

目　录

无负时代 守正出新

——中华书局创建110周年寄语

周绚隆

1912年1月1日，中华书局创立。至今已走过110年的流金岁月……

勤劳、勇敢、智慧的炎黄儿女，以自强不息的创新进取和厚德载物的开放包容，熔铸出中华民族的精神特质和灿烂文化。中国从来不缺少开拓进取的创造精神，四大发明堪称人类文明史上的璀璨明珠。而作为中华文明标志性象征的四大发明，有两项与出版相关，生动诠释了中华民族文化传承与创新发展并重的伟大品格。中华书局创始人陆费逵，在新旧激荡的时代浪潮中，敢于奋进，勇于创新，做出了无负于时代的业绩。从此，守正出新就成为历代中华人的基因。

110年来，中华人通过书刊出版，肩负起开启民智的历史使命，民主、科学的观念伴随着《民约论》《物种原始》等优秀译本的出版而深入人心；

110 年来，中华人以无与伦比的热情和勇于开拓的魄力，为学术文化的发展贡献了自己的力量，《辞海》《中华大字典》《四部备要》不仅至今仍是独具特色、沾溉学林的必备典籍，更成就了一段段"传说"级的书林佳话；

110 年来，中华人打造出代表新中国古籍整理最高水平的历代典籍权威版本，为中华优秀传统文化的纵向传承和横向传播作出巨大贡献……

回望历史，中华人曾经无负时代；展望未来，中华人更将不畏艰难！

面对新技术的重重挑战、市场环境的不断变化、疫情的持续冲击，中华人迎难而上，积极应对。不仅振拔主业，好书不断，获奖连连，经营指标持续上涨，而且集中力量应对数字化趋势，从古籍资源部到古联公司，从"中华经典古籍库"到"籍合网"，既实现了纸质图书与数字化产品的齐头并进，更为出版业的高质量发展积累了融合出版的宝贵经验。

中华人从不缺少背水一战的勇气和随机应变的智慧。从首届"4·23 读者开放日"到"中华妙 BOOK 言"直播，从伯鸿书店创立到灿然书屋重张，从伯鸿讲堂对全民阅读的推动到宋云彬古籍整理奖对优秀图书和编辑人才的激励，多媒体、多渠道、多形式的品牌营销活动，不仅使中华书局以更加绰约的丰姿走进大众视野，而且使优秀的中华版图书受到更多读者的喜爱。

党的十八大以来，党和国家将对中华优秀传统文化的重视上升到前所未有的战略高度。对于以传承中华优秀传统文化为己任的中华书局，这既是千载难逢的机遇，更是不可推卸的责任。在新的时代条件下推动中华优秀传统文化创造性转化、创新性发展，正是今天中华人的历史使命与责任担当。

我们拥有光荣的历史，我们将开创灿烂的未来。在实现中华民族伟大复兴的征程上，中华人将担负使命，守正出新，继续书写新的璀璨篇章。

（作者系中华书局执行董事、党委书记）

古籍工作开新局　秋分时节忆故人

——在中华书局创建 110 周年座谈会上的发言

安平秋

今天是中华书局创建 110 周年的纪念会，祝贺中华书局创建 110 周年！

向中华书局的创办人、中国近代著名教育家、出版家陆费逵先生致敬！

向自 1958 年中华书局成为古籍专业出版社之后，在党的领导下，指导、带领中华书局走向发展、兴盛的齐燕铭先生、金灿然先生和中华书局的历届领导致敬！

向 110 年来，为中华书局奋斗的中华书局全体员工致敬！

我同中华书局结缘是从 1960 年我考入北京大学中文系古典文献专业开始，至今已有六十二年。而我同中华书局关系更密切、工作往来更多的时期是上个世纪 60 年代中期到 90 年代中期这三十年。这一时期，中华书局的领导、编辑，乃至司机师傅，有的是比我大一二十岁的师长，有的是比我小二十岁左右的忘年交，他们都给予我多方面的教导、帮助和支持。今天，我已经 81 岁，在中华书局 110 周年庆的时候想到中华书局的两位老同志对我个人的教导，以及对国家的古籍整理事业、文化事业的杰出贡献。

赵守俨

一位是赵守俨先生。按照当时国家科学发展规划的意见，为解决古籍整理的后继人才问题，在北京大学设立古典文献专业。1959 年招收第一批学生，学制五年。这个专业的教学接受国务院古籍整理出版规划小组的指导。但是"文革"之中招生停顿，到了 70 年代特别是 1977 级学生入学之后，重新开课，一些年轻教师担起教学重任，北大古典文献教研室安排我上《史记》课。我就去请教守俨先生。他说，这课过去是宋云彬先生给北大开的，最近你又听了北大、北师大中文系、历史系四位老师讲的《史记》课，你再讲，谈何容易！况且现在北大历史系是王利器同志在讲《史记》！守俨先生还说，你讲《史记》是给古典文献专业开的，除基本东西要讲、不能省之外，要偏重于古文献学，讲《史记》的注家（特别是三家注）、版本等问题，要讲得深入、坚实。我照守俨先生说的列出提纲请他审定，后来我写出的所有讲稿都请守俨先生看过。他全部都看了，用铅笔加了旁注，最后还写了三页纸的类似审稿意见的文字。守俨先生这么关注我的《史记》课，不仅仅因为我个人同他关系比较好，还有很重要的原因是他希望北大要为中华书局培养合用的古籍整理人才。

守俨先生还有一件事对我有指点和教育。中央1981年37号文件下达之后，教育部要建立全国高校古籍整理研究工作委员会，办公地点在北大，由北大出人担任主持日常工作的副秘书长，当时北大要我担任。我因不想做行政工作，想搞业务，不愿担任，曾同守俨先生谈起。他当时直截了当说："安平秋，这个事你做它干什么！有一个国务院的古籍整理规划小组，教育部又再建一个机构，两个机构的职责是什么，分不清的话将来打架，矛盾多了，不要去。"所以在1982年时我没有接受这一工作。这既有我本人的意愿，也有守俨先生给我的指点在起作用。到了1983年，在北大已任命的副秘书长因故不能担任而校党委决定要我担任的情况下，我不好意思再找守俨先生说，请我爱人于世明（在中华书局工作）上班时跟他说了一声，守俨先生没有表示任何态度。时隔两年半之后的1985年下半年，守俨先生一次见到我爱人，跟她说："回家告诉安平秋，口碑极好！"这四个字，我至今记得（人总是愿意听别人的肯定，我知道原来守俨先生对我不满意，到八五年两年多以后，说了这么一句话，我至今记得）。我想这是守俨先生觉得安平秋这小子拉不回来了，鼓励鼓励吧。我从这件事想到，守俨先生是真正爱护我的，也是真诚希望全国的古籍整理工作能够顺畅发展的。

　　另一位是王春同志。他在60年代就是中华书局的党支部书记，后来做到党委书记、总经理。在1981年中央37号文件产生之前、之后，他对中华书局、对全国的古籍事业起到了重要的作用。在1978年教育部撤销了北大古典文献专业之后，不仅北大的老师不赞同，中华书局的王春、李侃、赵守俨等同志也不赞同，我们有时在一起议论这事。是王春同志向当时的出版局

王春

反映了不同意见，并通过关系转告了相关领导部门。到1981年春，又是王春同志主动找我，转告陈云同志在杭州听了汇报，提到古籍整理人才培养不能中断。我把这一信息带回教研室，才有北大古典文献专业教师联名给陈云同志写信，不然为什么要给陈云同志写信呢？也才有陈云同志派人到北大开座谈会，并下达1981年37号文件。所以，中央1981年37号文件的下达，王春同志功不可没！这一文件下达，才有国务院古籍整理出版规划小组的恢复和李一氓同志担任组长，才有古籍工作的春天。小组恢复后，王春同志是小组成员。他在中华书局一直兢兢业业地做党的工作和行政组织工作。我们今天回忆中华书局的过往与成就，往往提到出了哪些重点的书，同哪些著名学者有往来，但容易忽略像王春同志这样的党委的领导者和行政的总经理所起的作用。他贯彻党的精神，贯彻上面的意图，而又团结中华书局的人一起做好这项工作，承上启下，这是事业成功的根本性保证。我们今天纪念中华书局创建110周年，不能忘记王春同志的贡献。

讲一件小事。这个稿子写完后，我给老伴儿看了一下，因为她是老中华。她提到了王春同志的一件小事。她说，王春同志退休后到她办公室去，问："能给我一个中华书局的大信封吗？"我老伴儿给了他一叠，大概有五六个，结果王春同志站在那里发愣，不敢接，说："你给我这么多呀！"这就是做了多年中华书局总经理兼党委书记的王春同志。他是这样的清廉。

中华书局在 110 年的路程上能够长盛不衰，是中华书局全体员工共同努力的结果，也是中华书局历任领导苦心经营的结果，更是党和国家大力支持的结果，因为古籍整理工作是党和国家文化事业的重要组成部分。

祝愿中华书局更加兴盛发达！

（作者系北京大学教授）

"两代人"情缘结契　"中华本"学术担当

——在中华书局创建110周年座谈会上的发言

邓小南

今天我们聚集在这里，庆贺中华书局创建110周年。

作为历史学的从业者，多年来，我们都是中华书局的忠实读者；在读书治学的过程中，都得到中华书局出版的学术著述的滋养。无论史籍还是今人著作，在我们学术道路的选择上，都具有"导夫先路"的意义。

从个人来说，先父和我与中华书局有两代人的不解情缘。先父邓广铭的经历，也体现出一代学人的学术历程。他曾经说，1920年他进入高等小学之日，所用课本都是中华书局编印，使他得以接触近代的启蒙教育。1930年代，他在北京大学读书期间，也受益于中华书局的各类出版物。1950年代，先父参与了《资治通鉴》"唐纪"和五代部分的整理、校点，该书后来由中华书局出版。1958年，国务院科学规划委员会古籍整理出版规划小组成立，

资治通鉴

他作为历史组成员，更加深了与中华书局的关系。1960
年代初期，他与聂崇岐先生商议，在中华书局的支持下，
物色人员，编辑《宋人文集篇目分类索引》；也是在这段
期间，他有了人生中唯一的一位工作助手，编制也是放在
中华书局。

　　1967 年 6 月至 11 月，在那个特殊的年代里，先父一
度在中华书局从事《宋史》的整理点校工作，那是他作为
"反动权威"而得以喘息的一段短暂时期。值得提及的是，
先父当年在北大的同班同学、一生的挚友傅乐焕先生，当
时正参与《金史》点校，不幸惨遭迫害，不堪屈辱而投湖
自尽；他未完成的工作，则由大学时期的另一密友张政烺

先生接手。在每日貌似平静的学术工作中，往日同窗内心涌动的悲恸，后人不难想见。我父亲还曾痛心地回忆过另一件事，说中华书局前总经理、前总编辑金灿然先生，晚年精神恍惚后，有一次乘坐公共汽车时对售票员说，要去北京大学找邓广铭。由此也可以窥见当年中华书局领导与北大教授间的深挚情谊。

金灿然

我父亲曾经在他的一篇文章中悼念金灿然同志，说他"有胆有识，能够站到高处，看到远处。对于他所担负的职务，对于振兴中国的学术研究，特别是对于发扬我国光辉灿烂的传统文化，他是具有责任感和使命感的"。这种责任感和使命感，改革开放后由中华书局的代代同仁继承和发扬起来。1980 年代后期，我父亲整理点校的《涑水记闻》《陈亮集》都是在中华书局出版。他不仅是中华书局的作者，也多次作为审稿人、评议人，直言不讳地提出各类建议与意见。在担任国家古籍整理出版规划领导小组成员及顾问期间，也一直与中华书局有着十分密切的关系。

我们这辈人，少年时期大多读过中华书局出版的《中国历史小丛书》；进入历史专业，又是读着标点本《资治

中国历史小丛书·赵一曼

中国历史小丛书·中国印染史话

通鉴》、"二十四史"成长起来。今天，在我们的案头上、书柜中，都有中华书局出版的各类史籍和研究著述。提到中华书局，师友们通常简称为"中华"，这一方面是因为中华书局一向承载着弘扬中华文化的重任，另一方面也是因为多年来，在学人心目中，"中华本"亲切而值得信赖。我的同事刘浦江，英年早逝，在交代后事时，他叮嘱所有的著作要交给中华书局出版。我个人的第一本论文集《朗润学史丛稿》和修订版专著《宋代文官选任制度诸层面》，承蒙中华书局不弃，也在这里出版。

今天的中华书局，出版品丰富程度远超以往：既有古籍整理，又有人文著述；既有著作板块，又有期刊方

文史

阵；既有享誉学界的《文史》，又有面向大众的《文史知识》……中华书局紧跟时代趋势，既有众多优质纸本出版，又有各类开放的数据库，向读者提供了丰富的电子资源和研究的便利条件。

学界都了解，好的学者，才能成为好的编辑，需要有积累，肯用心，能鉴别。学术出版机构的主持者，通常是学术型出版人，是专家型领导；编辑也大多是专家型编辑，兼擅"精"与"通"。中华书局许多同仁，本身即是优秀学者，却甘于长期埋头"为他人做嫁衣"，这种精神在今天尤其值得钦佩。

最后想说的是，好的出版机构对于优秀民族文化建设的意义，绝不亚于高校。学术出版肩负着引导学术方向、保证学术质量的责任。优秀的出版社，应该确保品质，"做一本，成一本"；应该是凝聚学人的平台、核心议题的发源地、提升学术水准的标尺。今天的出版界，面临种种压力与挑战，逆水行舟，不进则退。相信中华书局会赓续110年学术积累的历程，不负学界期待，持续推进中华学术的不断发展。

（作者系北京大学教授）

梯航学海通今古　夕秀朝华启后生

——在中华书局创建110周年座谈会上的发言

张志强

非常感谢中华书局的邀请，能够躬逢中华书局110周年庆典盛会，荣幸之至。在此，我谨代表中国社会科学院哲学研究所，也代表作为一名中华老读者的我自己，向中华书局、向全体中华人，表示衷心的祝贺，也向历代中华人表达深深的敬意和真诚的感谢！

在党的二十大即将召开前夕，我们迎来了中华书局创建110周年的盛典。中华书局的110年，是中华民族从贞下起元到元亨之会的110年，是中华文明经过革命、建设和改革的振颓起弊而重铸辉煌的110年。中华书局自创立起就与中华民族的命运紧紧结合在一起。陆费逵先生曾说："我们书业虽然是较小的行业，但是与国家社会的关系却比任何行业为大。"出版关乎国运国势，出版事业的目的在于通过教育开民智、进民德、强民体、隆国势，这

郭沫若题诗

齐燕铭题诗

正是中华书局自创建起就具有的格局与胸怀。正是这种格局和胸怀，让中华书局已经不仅仅是一家出版社，而成为一个文化象征，成为一种文化理想，成为学者和读书人的精神家园。

中华书局的110年，在整理国故中保守中华古国魂，从传播新知中开辟中华新文运，化用郭沫若和齐燕铭两位先生的诗句，中华书局的110年，正是"梯航学海通今古，夕秀朝华启后生"的110年。校理古籍是让古籍进入现代的门槛，也是让古典活进现代的途辙。校理古籍是在整理国故中为从古典中开发新知奠定基础，校理古籍本身就是让古典现代化的工作。中华书局的古籍事业是关乎中华优秀传统文化传承发展的大事业，因此中华书局110年的历史，不只是历代中华人书写的奋斗史，更是蕴蓄了中华民族继往开来文明力量的奋斗史。

在高度重视中华文明对于新时代中国特色社会主义的意义、高度重视中华优秀传统文化的创造性转化和创新性发展的新时代，回顾中华书局这110年的历史，让我们不由得感慨系之，可以说，正是中华书局110年来用心校理古籍，不仅精心保护了传统，更涵育了中华文化的元气。正是这口元气，让新时代的中国人有了文明的底气。为此，我们要向历代中华人表达深深的敬意。

研究中国学问的学者，可以说都是在阅读中华古籍中学会做学问的，在使用中华古籍中成为学者的。"中华本"

的古籍都是从浩瀚古籍中揣摩挑选，从不同版本中抉择去取，经过细致考订、点校、注疏的古籍精华。正是历代中华人的辛勤付出，"中华本"古籍不仅为研究古代的现代学术提供了基本资料库，更奠定了传统学术现代化的基础。"中华本"的古籍不仅是学者治学所必备，更成为学术声誉的保证。"中华本"本身就代表着经典性，就代表着权威性，就代表着扎实可靠的学问背景。作为学者的我们，在使用"中华本"时也感到分外踏实，我们几乎是先验地相信，"中华本"绝对不我欺。中华书局110年来不懈且系统的努力，不仅完整保存了古典，而且更让古典实现了系统的现代化，建立了研究古典和研究古代的现代学术的基础。为此，我们要向历代中华人泽被学界的学恩，表达真诚的感谢！

作为一名从事中国哲学研究的学者，我个人的文史兴趣与从小阅读中华书局的《文史知识》和《中国历史小丛书》很有关系，很早我父亲就给我订阅《文史知识》。大家写小书的传统，让中华书局在传承古典的同时，也

《文史知识》创刊号

秉持了普及古典知识的文化理想。中华书局的格局和胸怀决定了中华人境界的高度。普及不是知识的降低，恰恰是文化传承的植根。大家小书，传播的是中华文明的种子。让古典文明在一代代新人中薪火相传，这正是中华人的境界，是中华人对中华文化的责任担当。作为受惠于中华书局普及事业的曾经的新人，我们还是要为此向历代中华人表达深深的敬意！

中国社会科学院哲学研究所与中华书局有着很深的渊源。在1958年成立的古籍整理出版规划小组中，齐燕铭同志任组长，我们哲学所的首任所长潘梓年先生和郑振铎、翦伯赞先生分别担任哲学、文学和历史分组的召集人。古籍出版规划小组的办事机构就是中华书局。此外，我们所一批德高望重的老学者都曾是中华书局的作者和整理者，也是中华书局哲学类古籍整理的重要参与者，其中梁启雄先生的《荀子简释》《韩子浅解》、吴则虞先生的《白虎通疏证》《晏子春秋集释》、王明先生的《太平经合校》等都是中华书局出版的治中国哲学史的必读书。近年来，哲学所承担中国社会科学院创新工程重大专项《中外哲学典籍大全》，其中《中国

齐燕铭

哲学典籍卷》第一辑曾与中华书局进行合作，得到中华书局的大力支持。在此，我代表哲学所向中华书局给予的帮助和支持表示感谢，希望今后中华书局多关注哲学所，给哲学所中国哲学学科更多参与和学习的机会。

太平经合校

"旧学商量加邃密，新知培养转深沉"，这是朱熹在《鹅湖寺和陆子寿》诗里的一句。我想这句诗很能说明中华书局出版事业的意义。"旧学商量加邃密"是中华人一直以来持续在做的事业，而适应时代、面向未来的新知则为开辟中华文明新境界所必须。新知不是无源之水、无根之木，新知的获得必须扎根于旧学，在旧学商量中培养，在对旧学下邃密功夫中达致深沉。只有深深扎根于古老文明的根底之中，我们的文明才会在深沉中达致久远。我想这就是中华书局的地位之所在，也是新时代期待于中华书局之于我们未来文明展开的意义之所在。让我们与中华人共勉之。

（作者系中国社会科学院研究员）

盛世修文聚千编巨作　丹青著史铭百代初心

——在中华书局创建 110 周年座谈会上的发言

康　震

　　非常荣幸参加中华书局创建 110 周年座谈会。首先向中华书局 110 周年华诞表示衷心的祝贺，祝中华书局 110 岁生日快乐！今天有许多学界前辈、师长出席座谈会，我能够在这里发言，汇报学习心得，感到诚惶诚恐，也深感荣幸。作为一名中国古代文学专业的大学教师，借此机会，我想向中华书局表达自己的三点心意。

　　第一，向中华书局表达衷心的感谢！记得小时候，在父亲书架上看到一排新书，绿茵色的封面，非常漂亮。翻开书，都是竖排繁体，很多字都不认得。但封面上"史记"两个字，书脊上"中华书局"四个字，牢牢记住了。这是我第一次见到中华书局的书，第一次见到竖排繁体的书籍。至今，我还记得书里有一股淡淡的墨香。后来，开始订阅《文史知识》，再到后来，伴随着学业，开始读新旧《唐书》《全唐诗》《全唐文》等等，依然是绿茵色的封面，依然是中华书局，直到今天。

多年来，无论讲什么课，研究什么题目，写什么论文、著作，迈出的第一步，都是从中华版的典籍文献出发。尤其是历代的文学总集、作家别集，相关的文史典籍，早已成为案头必备之书。多年来，古典文学研究界之所以能解决诸多重大学术前沿问题，中华书局功不可没。如果将古典文学研究比作万丈高楼，那么，中华书局组织整理出版的大量经典文献典籍，就是夯实学术高楼的重要奠基石。

第二，向中华书局表达崇高的敬意。中华书局是国家级的出版平台。然而多年来，它还承担了推动学科建设，组织科研、人才队伍建设的重要使命，它是学术研究的重镇，也是科研与文化育人的学校。傅璇琮先生在《唐代科举与文学》自序中，曾引用向达先生《唐代长安与西域文明》自序："匹马孤征，仆仆于惊沙大漠之间，深夜秉烛，独自欣赏六朝以及唐人的壁画，那种'摘埴索涂''空山寂历'的情形，真是如同隔世！"前辈学者这种执着学术、献身学

傅璇琮

术的崇高精神感动、激励着一代代后辈学人。

多年来，中华书局有幸拥有像傅璇琮先生这样一批堪为楷模的学术大家、出版大家。他们以敏锐的学术眼光组织出版了一大批标志性的重大学术成果，为古代文学文献研究开辟了新领域，树立了新风尚，并培育、带动了一大批品学兼优的中青年学者成长起来，起到了领风气之先的作用。

第三，向中华书局表达热切的期待。近年来，承蒙中华书局厚爱，我在书局出版了系列学术普及著作，涉及李白、杜甫、韩愈、柳宗元、欧阳修、王安石、苏洵、苏轼、苏辙、曾巩、李清照等十余位唐宋大家，近160万字，力图融学术、审美、趣味为一体，以诗、书、画对比阅读的方式，引导读者感受诗人形象，领悟诗文内涵，提升思想境界，为此还获得"教育部人文社科优秀成果奖·成果普及奖"。

在这个过程中，我深深体会到，古典文学研究是一门崇高的学问，将古典文学学术成果转化为传统文化普及教育资源，同样是一门崇高的学问。学者不仅要关注学术问题，还要关注时代命题，努力在解决学术问题与解答社会关切问题之间架起沟通、转化的桥梁；要准确理解、精准传播传统文化，在转化、创新的过程中不错谬、不变形，让传统文化在当代社会焕发蓬勃生机；要推动古代学术话语向当代叙事话语的创造性转化，让老百姓面对传统文化，听得入迷，看得入神，读得入心，真正让优秀传统文化内化为灵魂深处的精气神。

以上，是我自己的一点不成熟的心得体会。衷心期待在中华书局的带动下，我有更多机会为弘扬传承中华优秀传统文化尽一份力。再次祝贺中华书局110周年华诞！祝愿并期待中华书局再创佳绩，赓续辉煌！

（作者系北京师范大学教授）

我心目中的中华书局

金冲及

今年是中华书局诞生 110 周年，中国的出版单位，能够如此长期存在并且对中国文化事业作出重大贡献的，大概只有中华书局和商务印书馆。

一、中学时期

我今年 92 岁了，但知道中华书局大约已有八十来年。知道的最初媒介是教科书。

我 1941 年进入复旦附中读书，上初中那年还不到 11 岁。母校至今保存着我的成绩单：初一的成绩并不好，英文在补考后才及格，历史却得了 98 分。我读的历史教科书是中华书局出版的，本国史由中华书局编辑所副所长金兆梓先生编写，外国史由金兆梓和耿淡如两位先生编写，给我留下很深的印象。相隔八十多年仍能记得，可见中华

中学国文教科书

国语读本

书局出版的教科书在当时社会上产生了多么大的影响。

编写新教科书，是中华书局诞生的主要原因之一。中华书局在1912年1月1日成立，正是辛亥革命推倒帝制、创立共和政体的同一天，这就给了它"咸与维新"的鲜明色彩。那时，中小学教育已逐步普及，学堂改称学校，但原有教材很多已不适用。原商务印书馆出版部长陆费逵先生创办中华书局，一开始就主张编辑出版中华教科书，结果风行全国，使人耳目一新，可见他是富有眼光和远见的。以后一段时间内，出版教科书成为中华书局的主要业务。中华书局所编历史教科书，可以说是我在这方面最初的启蒙教育。

到高中时期，也就是抗战胜利前夕，我开始自己逛书店，每月都要到福州路（通常称为四马路，是书店最集中的地方）去转转，一转就是半天，像进图书馆一样。那条路上门面最大的是世界书局。而我每次都要去的是商务印书馆、中华书局和上海旧书店。那时许多次做梦，梦见在旧书店墙角边找到一本对自己有用的好书，如获至宝，惊醒过来。这是事实，不是夸张。记得在旧书店买到过李剑农在太平洋书店出版的《最近三十年中国政治史》。这本书，我至今还保存着（它后经作者增补，改名为《中国近百年政治史》出版）。中华和商务也是一定要去的。记得中华书局在福州路和河南路的转角处。我在那里买过著名记者陶菊隐的《菊隐丛谈》三种:《六君子传》、《督军团

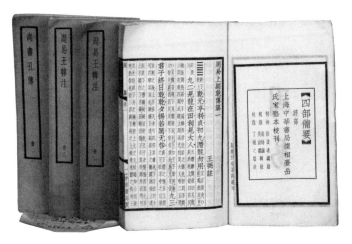

四部备要

辞海

古今图书集成

传》和《吴佩孚将军传》(抗战胜利后，又买过一种《天亮前的孤岛》)。这几本书，我都看过多遍。当时我只有十四五岁，完全是出于兴趣，根本谈不上什么分析和认识，但确是以后特别爱好阅读中国近代史的发端，从中也可以看到出版社对一个少年能产生多么深远的影响。

当然，中华书局留给我的印象并不限于这些。令我肃然起敬的更是几部大书，这种感受往往是同商务印书馆连在一起的，如商务出《四部丛刊》，中华出《四部备要》；商务出《辞源》，中华出《辞海》；商务影印《百衲本二十四史》，中华影印《古今图书集成》等。这些都是规模宏大、在学术界有着巨大影响的皇皇巨著。我那时年纪小，对它们只能说是肃然起敬而已。

抗战胜利后，随着时局的深刻变化，加上自己从少年步入青年，关心的重点转到社会和政治方面，读书的方向也发生变化。最常去的是生活书店和新知书店。读书生活出版社没有去过，但它出的书也常读，特别是艾思奇的《大众哲学》，读过不知多少遍。在这种情况下，对中华和商务，就去得少了。

二、新中国初期

1951 年，我从复旦大学历史系毕业。第二年，教育部规定综合性大学文科要开设中国近代史课程，而老教授们很少专治中国近代史的。在这种情况下，我从 1953 年起开始讲授中国近代史这门课，直到 1964 年。当时阅读的专业书籍，大体围绕着备课的需要，数量很多，而各出版社的专业方向在解放初还不很明确，又经常发生变动，所以对许多出版单位已记不清了。但中华书局出过汤用彤先生的《汉魏两晋南北朝佛教史》、罗尔纲先生的《太平天国史稿》等，我也买来读，获益良多。

稍后一些时间，党中央对中华传统文化的继承发扬和中国古籍的整理出版作了许多重要指示。陈云同志曾有一句名言："整理古籍，把祖国宝贵的文化遗产继承下来，是一项十分重要的、关系到子孙后代的工作。"

1958 年在中华书局历史上是一个有着决定意义的转折点。本来，中华书局总公司已从上海迁到北京，同财政经济出版社合并，但对外出书仍用中华书局名义。后来，成立不久的古籍出版社并入中华书局，加强了这方面的力量。这年，国家成立了古籍整理出版规划小组，确定中华书局作为出版文史哲古籍为主要任务的专业出版机构，任命金灿然同志为书局的总编辑兼总经理，并确定中华书局为这个规划小组的办事机构。这样，就揭开了中华书局史册新的一页，我心目中对它也开始形成一种和以前不同的新认识。

中华书局改组后，成立了古代史、近代史、文学、哲学四个编辑室，后来又增设了历史小丛书编辑室。改革开放后担任中华书局总编辑很长时间的李侃同志那时在近代

古籍整理出版规划小组成立大会签名簿

史编辑室工作，曾到上海找过我组稿。我正同胡绳武同志合作撰写多卷本《辛亥革命史稿》，没敢承担更多任务，只是为中华出版的《中国历史小丛书》写了一本《黄兴》的小册子。但从这时起，我就同李侃同志结成终生好友。

李侃

有一件事不能不说。1959年，周恩来总理担任第三届全国政协主席，提议由亲身参加或与闻有关历史事件的老人用回忆录的形式撰述近代历史资料出版。这就是影响很大的《文史资料选辑》。它最初由中华书局出版，在"文化大革命"前共出版55辑，成为从事中国近代史研究和教学必须阅读的书籍。这套书最初是有严格级别限制的内部读物。我费了很大力气，才购得一套，真是爱不释手。

还必须讲到，这时根据中央的要求，中华书局同史学界、出版界通力合作，集中一大批专家学者，用十八年时间完成"二十四史"（连同《清史稿》）和《资治通鉴》的点校出版工作。在1962年前出版了"前四史"，以后的工作也做了安排。这是一项规模宏大的文化工程。对这项前所未有的宏大工程的完成，我肃然起敬。

1965年初，我奉调随原上海市委书记处书记石西民

清

点校本"二十

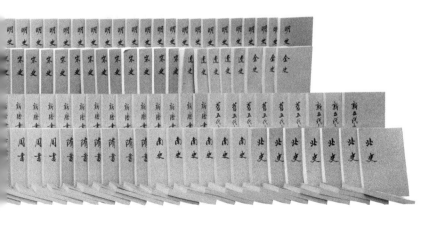

同志到北京文化部工作。石西民同志作为文化部党组副书记、副部长，分管出版工作。他要我到中华书局去看金灿然同志了解情况。中华书局当时的办公地点在翠微路。今天翠微路已经是北京的繁华地带，当时却像是郊区农村，但很安静。记得金灿然同志坐在室外藤椅上，挥着蒲扇，向我谈中华书局的雄图大略，还讲到"人弃我取"的用人方针。没想到这是最后一次见到他。

正当中华书局方方面面工作蓬勃展开的时候，"文化大革命"迅猛席卷全国。书局的工作被迫完全停顿，职工

1971年夏拍摄于原文化部湖北咸宁"五七"干校，背景为向阳湖十六连，右起为杜其定、刘起釪、许逸民、鲁原、马慧生、张友良、李鋆培、钱炳寰。

都到湖北咸宁的"五七"干校参加劳动。我也去咸宁干校一面劳动，一面接受无中生有的"特嫌"审查，有三年不许回家，更不许看书。如果拿起书本，就会受到训斥："看什么书？自己没事啦？不考虑考虑问题？"所以，整整三年没有看书。就是《毛选》，除要我朗读《敦促杜聿明投降书》和《南京政府向何处去》以外，也不让看其他文章。有一次，派我到咸宁汀泗桥的出版系统工地支援劳动，见到老友李侃和不少中华书局的同志，感到格外高兴。那时，说我自杀的传闻在各地流传很广。以后李侃同志告诉我：有位朋友给他写信问，听说我已"畏罪自杀"，是否属实？李侃同志回信说：我前几天还看到他，哪有这回事！其实，我尽管处境艰难，自杀的念头却从未有过。

到1972年底，因为马王堆汉墓、满城"金缕玉衣"等重大考古成果发现，周总理批示要恢复《文物》《考古》《考古学报》三个刊物（那时除《红旗》外，其他刊物都已停刊），还指示文物出版社要进口新的印刷设备出版文物图册。这样，主持文物工作的国务院图博口负责人王冶秋同志不管咸宁干校对我的"问题"有没有作结论，就发出调令。回到北京后，任命我为文物出版社副总编辑（当时没有总编辑，后来又任命我为总编辑）。调令一来，干校对我那个纯属子虚乌有的"特嫌"问题立刻作了完全否定的结论。后来听说国务院出版口负责人徐光霄同志本来也打算调我到出版系统工作，但想等我的"问题"作了结论后再发调令。从这一点来看，王冶秋同志的魄力还是比徐光霄同志要大。

在我到文物出版社工作前后，图博口还为文物出版社从出版系统干校调入好几位业务水平很高的干部，如人民出版社的杨瑾、叶青谷，中华书局的王代文、俞筱尧、沈玉成。从中华书局调入的好几位来看：王代文同志先是任《文物月刊》编辑部主任，后来接我担任出版社总编辑；俞筱尧同志先担任总编室主任，后来当副总编辑；沈玉成同志是业务和文字素养都很强的优秀骨干。我同他们朝夕相处十年，更增进了对中华书局的了解和亲切感。

三、改革开放以来

"文革"结束后，我没有很快回到自己原来更熟悉的专业岗位上去，而是继续在文物出版社工作了五年。重要原因是：当我在十分困难、没有什么单位要我时，只有文物系统要了我并且委以重任，总不能在环境改善时就自奔前程，做人也不能这样做。直到1981年5月，由组织决定借调我到中共中央文献研究室，从事《周恩来传》的编写。但同中华书局的朋友仍常有往来。记得参加纪念中华书局成立90周年大会时，听季羡林先生在大会发言中送给中华书局八个字："一身正气，两袖清风。"我听了很有同感。

1983年，我正式调到中共中央文献研究室，以后担任过研究室常务副主任和中国史学会会长。那时工作比较忙，工作头绪也多。回想起来，中华书局在这个时期同我直接相关的，主要是两件事：

一件是关于孙中山生平和思想的研究工作。

孙中山先生是中国在 20 世纪站在时代前列的三个伟大人物之一。中央一直十分重视这项研究工作。1984 年，由全国政协主席邓颖超同志宣布成立孙中山研究学会，由胡绳、刘大年同志分任正副会长。在他们主持下，召开了孙中山研究国际学术讨论会，产生不小影响。我担任学会秘书长，做了些具体的组织工作。围绕孙中山和辛亥革命研究，中华书局出版了一系列文献。

中山大学林家有教授曾写道："研究者与出版者，对于学术的发展而言，犹如车之两轮、鸟之两翼，二者缺一不可。""应当说，近二十年的孙中山研究取得了令人瞩目的成果，孙中山研究已成为国内外受人关注的一门'显学'。这些研究成果的取得和研究态势的形成，固然有赖于学者们的辛勤耕耘、开拓、创新，同时也离不开出版界的支持、配合和努力。"这些论断是很中肯的，我深有同感。

对推进孙中山研究工作，中华书局起了极大的作用。给我印象最深的，首先是编辑出版了 11 卷、8000 多篇著作、500 多万字的《孙中山全集》。它在 1981 年辛亥革命70 周年出版第一卷，到 1985 年孙中山诞生 120 周年时出

孙中山全集

齐。这是一部比较完备、编校精细的《孙中山全集》，尽管后来又发现了一些此前没有征集到的佚文，但基本文稿大体都已包括在内，引起海内外的瞩目。我把它置在书柜的醒目位置，经常取用，有两卷已快翻烂了。中华书局近代史编辑部负责人刘德麟、何双生是复旦大学历史系毕业的，同我都很熟悉。中华书局还主持编辑了一套"中国近代人物文集丛书"，包括黄兴、宋教仁、廖仲恺、蔡元培等人的文集和章太炎的政论选集。如果没有这些书，我和胡绳武教授合作写完150万字的《辛亥革命史稿》就会增加不少困难。

　　中华书局出版的《中华民国史》，也给我很大助益。这部书分为民国史、人物传、大事记三部分，从1978年开始出版"大事记"第一册，到2011年辛亥革命一百周年之际，这套由李新同志担任总主编、一百多位学者集体编写的 36 卷本《中华民国史》全部出齐。这是新中国成立后第一部比较详备的民国史，也是中华书局对新中国文化事业作出的又一重大贡献。

特别是近四年以来，受中华书局委托，担任他们组织的"复兴文库"编纂工作的总负责人，遂与中华书局有了更多的交往、更深切的感受。

今年是中华书局成立 110 周年。回顾自己在少年时代接受启蒙教育时起，到如今年过九十，仍在同中华书局亲密合作，为中华民族伟大复兴贡献一分微薄力量，实在深深感慨系之。深信在未来的日子里，中华书局一定会继续为中华文化的继承和发展、为中国出版事业的繁荣作出新的更大的贡献。

（作者系中央文献研究室研究员）

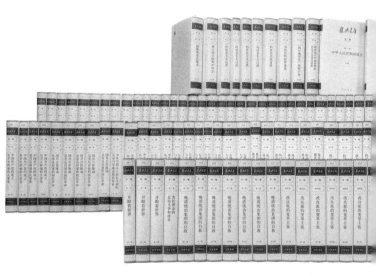

复兴文库（第一至三

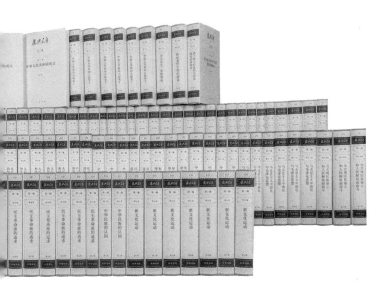

百年中国文化一道靓丽风景更加绚丽多彩

——祝贺中华书局创建 110 周年

孙昌武

　　十年前，中华书局创建百年庆，我曾作文致贺，感谢这个给我大半生学术活动提供充实、优秀资源，我视之为亦师亦友的饮誉世界的百年老店，形容其为"百年中国文化一道靓丽的风景"。匆匆十年过去了，又迎来了百十周年店庆，这十年里中华书局持续繁荣昌盛，这道靓丽的风景更加绚丽多彩。

　　在如今这 IT 兴盛时代，诸多新媒体给民众提供了无尽的阅读资源，从而给传统的纸本出版业造成空前挑战。承担古籍整理出版事业的中华书局受到的压力必然更大。面对这种局面，中华书局上下知难而上，与时俱进，创建了以著名的"中华经典古籍库"为代表的一系列数据库。这些数据库以中华书局和多家出版社长年积累、经过严格编校的古籍为底本，录入时又经过十分仔细的校核，形成

中华经典古籍库

伯鸿书店

精确度高、检索方便的电子文本。这些数据库在国内外众多同类数据库中堪称翘楚，被世界各国学者普遍认可、运用，广受赞赏，也为中华书局带来一定经济效益。

中华书局又以创建人陆费逵的字为中心，创建了伯鸿系列活动。伯鸿书店不只销售本版图书，而且以服务读者为宗旨邀请作者与读者见面、签名售书，与读者交流互动；中华书局还组织伯鸿讲堂、开展读者开放日等活动，经常举办学术讲座，从而把出版事业搞得十分生动活泼。特别是这些活动吸引了众多青年人参加，实则起到培养青年人的作用，而这些年轻人也是传承中华传统文化的后备军。

中华书局的古籍整理、出版质量向称上乘，给全国古籍的编辑、出版树立了标杆，提供了榜样。几个大型标牌产品，如"中国古典文学基本丛书"、"新编诸子集成"、"中国佛教典籍选刊"、"道教典籍选刊"等，都邀约国内有关领域著名学者参与其中，不断推出精校、精注的古代典籍，使之成为大家阅读和学术研究普遍使用的"定本"，受到国内外学者的信重、赞赏。特别值得赞赏的是，中华书局对于重点古籍的出版更精益求精。典型的例子：上世纪中叶在国家领导人直接关怀、支持下，中华书局集中全国史学大家整理、点校"二十四史"，高水平的文本已得到国内外学界认可，已经是各国学界普遍使用的版本。然而当初由于受到历史条件限制，特别是出版六十多年以来史学研究取得较大进展，这些版本也就显露出一些不足和瑕疵，中华书局毅然决定再度集中全国史学精英重新全面加以修订。修订过的《史记》等全新的点校本陆续推出，进一步提高了文字质量和编校水准，得到国内外高度赞誉。改革开放以来，本人有机会到亚、欧、美洲以及香港、台湾地区一些大学和研究机构执教或从事研究工作，参访过众多图书馆，接触到许多外国学者和图书馆负责人，发现他们采购中文典籍普遍注重"中华本"。"中华本"在世界图书文献领域已成为学术精品的标签。

几十年来，中华书局建设起一支高水平的编辑队伍。其中如已故的金灿然、赵守俨、周振甫、傅璇琮等诸位先生，健在的如程毅中、熊国祯、许逸民等诸位先生均为相

史记（修订本）

关学术领域的权威专家，后起的中、青年一代编辑亦发扬传统，承继前贤，学有专长，熟练掌握文献学与某专攻学术领域的知识，兢兢业业、认真负责地从事编辑工作。多年来本人多种拙著在中华书局出版，经过他们认真审读、加工，查核资料、订正讹误，保证了著作的学术水平，这些人也成为我的良师益友。不断致力于建设高水平的、富有事业心的编辑队伍，成为中华书局版图书质量的强大保证。

中国历史上留下来的典藏是中华民族宝贵的精神财富、民族文化的载体。随着国家的振兴、文化的发展，传统典籍的整理、出版乃是民族文化发展命运之所系的繁重而艰巨的大事业，对从事这一事业者也提出了更高的要

周振甫

求。中华书局一百一十年担负这一重任，成就巨大，贡献卓著，功莫大焉！在中华书局百十周年华诞，我愿借用禅宗一句偈语亦祝亦颂："百尺竿头须进步。"相信中华书局这个中国出版业龙头老店在未来的一个个十年、百年里更加精进努力，持续兴旺发达，让中国文化这道靓丽风景不断地焕发更加绚丽的光彩。

（作者系南开大学教授）

与中华书局往来杂忆

陈铁民

在北京的多家出版社中，我与中华书局的往来，算是最多和最密切的。

记得 1960 年我在北大中文系文学专业毕业后，被分配到中文系古典文献专业当研究生，当年 9 月初我到文献专业报到后，因为研究生的学业尚未正式开始（1961 年 2 月正式开始），就先在古典文献教研室参与《贾谊集》的整理工作。大约这年的九十月份，教研室收到中华书局的通知，说局里开办学术讲座，邀请教研室人员参加，于是我就从北大转了多次公交车，到中华书局迁京后的第一个地址——东总布胡同，听了两次讲座，一次是赵万里先生讲版本，一次是马宗霍先生讲经学，讲课地点就在中华书局办公楼前的院子里，条件颇简陋，只是在院子里支了一块小黑板，从办公室搬来一些椅子，大家就这样围坐在一起听讲。那时北大古典文献专业刚创办不久，各方面的条件都差，由于专业的培养目标是古籍整理人才，将来毕业生不少要到中华书局当编辑，所以中华书局从人力、物力上都对专业给予大力支持（如赠书建立专业的资料室，代请校外教师等），那时候是中华书局与古典文献专业关系最为密切的时期。

大约也在 1961 年，中华书局负责人金灿然曾到北大来作调研，就住在朗润园专家招待所。了解古典文献专业的情况和需求，是金灿然这次调研的主要内容之一。调研期间，他曾与我们几位研究生见面、谈话。调研完毕，还写了一份厚厚的调研报告。"文革"期间，这份报告外泄，我还曾读过，报告中对每一位研究生的情况都有介绍，对本人还给予好评。这一切说明，金灿然同志对人才培养很重视。

1961 年 9 月份，教研室为我们四个 1961 年 2 月入学的研究生（孙钦善、何双生、武青山和我），开了一门《史记》的课程，每周一个下午，上一个学期，授课老师是中华书局的宋云彬，授课地点就在宋先生的家中，这时中华书局的地址已迁到翠微路，宋先生的家就在中华书局旁边，那时一到上课这一天，中午学校食堂一开门，我们就得赶快进去吃饭，然后急急忙忙跑到公交车站等车，一路要转好几次车，才能抵达翠微路，上完课，还得立即赶回北大，否则吃不上晚饭，颇辛苦。那时宋先生正做《史记》点校本的整理与最后定稿工作，他授课的内容，就是

宋云彬

工作中发现的问题，宋先生一口江浙普通话，不大好懂；授课过程中，宋先生曾布置过一次作业，要求各自选一篇《史记》人物传记译成现代汉语，对四人的译文，宋先生读后都不大满意，原因大概是我们都采用直译的方法，译笔不够流畅。课程快结束时，宋先生要求每人写一篇读书报告，作为这门课的成绩，我于是就《史记》的校勘问题写了几条读书札记。宋先生读后很满意，给了5分，并写评语说：这篇读书札记的质量很高，不过文言文写得不大熟练。这门课于是结束，总算没有白辛苦。

读研究生期间，根据古典文献的专业特点，经导师同意，我们四个古典文献研究生，选定《高适岑参诗选》作为毕业论文题目，四人分工合作共同完成编注。稿子后来交给中华书局，经编辑审阅后，认为达到出版水平，但由于当时中华书局尚未出过诗选一类书，所以又由编辑部出面，将稿子推荐给人民文学出版社，这以后正赶上出版社开始审查以往的出版物和"文化大革命"，出版业务停顿，所以稿子直到1985年才出版。

"文革"期间，中华书局搬到王府井文联大楼办公。大约在 1974 至 1975 年，中文系领导安排我与另两个教师，还有两个 72 级工农兵学员、一个北京水磨石厂工人，驻到中华书局，做《〈孟子〉批注》的修改定稿工作。我们六个人同住在文联大楼第四层的一间大屋里，工作、睡觉都在这屋里，吃饭则到大楼旁中华、商务合办的食堂。当时我们三个教师的分工是，我负责全书译注的修改定稿，另两个教师则负责全书所有"批判"的修改定稿。此书 1976 年 6 月由中华书局出版，内部发行。这书自然是"批林批孔"的产物，不值得称道，但其中的译注，也并非没有可取之处。

1979 年，我曾应中华书局古代史编辑室之约，点校了梁章钜的《浪迹丛谈 续谈 三谈》，当时编辑室所约只是点校前两种书，后来我在北大图书馆发现了《浪迹三谈》，征求过编辑室的意见后，决定加上它，一起点校出版。此书 1981 年出版，先后印了三次，共 2 万多册，2014 年又签了新的出版合同，准备以后续印。记得 1981 年前后，曾见过不止一家别的出版社也出《浪迹丛谈》一书，但其后并未见过它们重印，看来是被中华版淘汰掉了。

中华书局的《文史》杂志 1978 年复刊，它主要发表古代史的研究论文，也发表一些古典文学的研究论文。当时《文史》只有两三位编辑，都是研究古代史的，缺少古典文学编辑，所以大约在 1980 年，《文史》的负责人吴树平就邀请我帮助审阅古典文学论文，这样我就当起了《文史》的业余编辑。当这个编辑纯粹是义务帮忙，并不给开审稿费，只是送一些中华书局新出的书以表谢意。当时《文史》最年轻的编辑李解民负责跑腿，定期到我家中（在北大蔚秀园）送稿和取稿。但他们并不是把所有收到的古典文学论文都送给我看，而是只送来经过初选后觉得有发表希望的论文，而且我感到当时任业余编辑的好像不止我一人。我现在记得的经过我审阅后发表的论文有：吴小如关于《诗经》、陈贻焮关于杜甫、徐公持关于曹植的论文，还有吴企明、葛晓音的论文等。1983 年吴小如先生决定调到《文史》编辑部工作，虽然人事关系尚未转到中华书局（听吴树平说，吴先生准备等提教授的正式批文下达后再办理调离北大的手续，但后来又决定调到北大历史系，不去中华了），但已接手《文史》的编辑事务，所以我就辞职了。北大中文系的人大都不知道我曾当过《文史》的业余编辑，吴先生也不知道我是他的前任。后来，我当过多年的《文史》编委，也在《文史》上发表了多篇论文，其中有一篇长达七八万字，载于 2011 年第 2 辑。

中华书局 1995 年出版了《二十五史精选精译》一书（吴树平主编，精装六册，332 万字），其中有两史（新、旧《唐书》）是我翻译的。我知道古文翻译并不容易做好，所以工作态度是认真的。每译一篇传记，都找本史与他书中的有关资料与本传记对读，务求将传记中所涉及史事的来龙去脉弄清楚，然后才下笔翻译，因此译文的"信"、"达"两项，大抵是能够达到的。

1987 年 11 月，我完成了《王维集校注》的编注工作，交给中华书局，1997 年 8 月此书出版。自出版后到 2017 年，此书共重印了九次，累计印数为 21000 册，加上 2015 年出让版权，编入三晋出版社出版的"山西文华"丛书，印了 3000 册，共 24000 册；2018 年此书出了修订本，到 2021 年底止，共印刷四次、出了三种版本（平装繁体字本、精装简体字本和典藏本），合计印数 14000 册，全部印数共计 38000 册。销量这么大，在唐人诗文集整理这类著作中，是罕见的。当然，这主要应归功于王维诗歌的魅力，但笔者的校注质量胜过旧注，还有出版单位的信誉好，也是原因。

2005 年，我应邀为中华书局编注出版了《王维　孟浩然诗选》一书，前后曾重印三次；2018 年，又根据书局的要求，将其中的《王维诗选》分出单独印行（印了两种本子，一种"百部经典读本"，一种"指掌文库"本）。这几种书合起来，共印了 2 万多册，销量也还算可以。

我与中华书局的往来，回忆起来也就是上面所说的这些了。中华书局是"百年老店"，自创办至今，为弘扬中华传统文化而奋斗不懈，出版了许多重要典籍，作为文史学者，很少有不受其惠的，为此，我们应该向中华书局表示感谢。最后，祝中华书局越办越好！

（作者系中国社会科学院研究员）

打造经典　培植国士

——我与中华书局的学术交谊记

龚延明

今年，是中华书局成立 110 周年。从一个读者心仪中华书局，到走进中华书局殿堂成为一个作者，进而成为中华书局的一个朋友，此生有幸，近半个世纪来，我有缘与中华书局结下深厚的学术情谊。承中华书局新掌门人周绚隆之嘱，兹将有关中华书局值得回忆的人与事写下来，权作纪念文字，献给中华书局 110 周年华诞。

文科师生购书，中华书局出版的古籍和学术著作，是首选。中华书局是弘扬中华传统文化当之无愧的一根标杆。我书房里常备的点校本"二十四史"及《清史稿》、《十三经注疏》、"新编诸子集成"、"中国古典名著译注丛书"、《通典》、《唐六典》、《册府元龟》、《宋会要辑稿》、《资治通鉴》、《文献通考》、"唐宋史料笔记丛刊"、《宋元方志丛刊》、《丛书集成初编》、"中国古典文学基本丛书"

论语集释（新编诸子集成）

册府元龟

等等，都是中华书局的杰作！一部部书，一个个台阶，引领我去攀登中华五千年文化的顶峰！

中华书局，是我仰望的一座学术殿堂。我是怎么有机会走近中华书局的呢？

1980年3月，我在《杭州大学学报》上刊登了一篇《初唐一首灵隐寺诗作者的再探索》。不期紧接着出版的第二期《杭州大学学报》，刊发了傅璇琮《关于宋之问及其与骆宾王的关系》一文，对我的观点提出了批评。我深感于自己古典文献功底之不足，致函傅先生，诚恳接受批评，并希望能得到指教。从此一来一往，建立起学术联系。用傅先生的话来说："不打不相识。"其时，傅璇琮先生是古代史编辑室主任，从某种意义上可以说，我们是"布衣之交"。此后，1982 年、1983 年，升任中华书局副总编辑的傅先生，约我写了两本《中国历史小丛书》:《王安石》《宋太祖》，他肯定了我的写作能力。此后陆续得到他赠送的新著《唐代诗人丛考》、《唐五代人物传记资料索引》（与许逸民、张忱石合作）、《李德裕年谱》等，其夫人徐敏霞也赠送我她点校的《十国春秋》等古籍整理成果。

傅先生曾对我说:"编辑与作者的关系，不只是投稿、约稿的关系，更可以从中发现有才能的学者，通过相互切磋，打造优秀的作品，进一步培养人才。"傅先生的志趣、器局与胸襟，代表了中华书局出版人的学术素养与人格定位，极大地影响了我的学术人生。在傅先生引领下，我走进中华书局的学术殿堂，成为一个"庶吉士"，既是受益者，又是深造者。

上世纪 80 年代初，吾师徐规先生主持浙江省一个大项目《宋史补正》，其中一个子课题《宋史职官志补正》，分配给我做。这可让我犯难了。因为，已有邓广铭先生《宋史职官志考正》这一得到陈寅恪先生高度评价的里程碑式作品在前，我这个刚刚涉足宋史领域的无名之辈，去续《宋史职官志考正》，能免"狗尾续貂"之讥吗？进退两难之际，我请教了傅璇琮先生。傅先生从学术发展角度和邓广铭先生为人两个方面，肯定了我可以做《宋史职官志补正》，而且还在研究方法上提示我怎么做，即首先要充分占有材料，"把握宋代现存的所有官制史料"，以做

《宋史职官志补正》为基点，研究两宋官制史。这一下子驱散了我心头的疑虑，终于有勇气接受了《宋史职官志补正》的科研任务。

《宋史职官制补正》于 1991 年出版后，得到成果鉴定组组长邓广铭先生等专家学者的高度评价："龚延明同志的这一著作，真正做到了'去粗取精、去伪存真、由此及彼、由表及里'的境地。"邓先生的评语，印证了傅璇琮先生所说的："邓广铭先生衡量学术成果，不论资格，不计较对自己的研究的批评，完全以学术上有无建树为心中的一杆秤。"邓先生对后进的奖掖，已成为学林佳话。

在完成《宋史职官志补正》后，我计划致力于研究宋代官制史。然而要撰写一部两宋官制变迁史，诚非易事，我总觉得很难把握。于是，我致函傅璇琮先生向他请教。傅先生回信说，这的确是一个值得慎重考虑的问题，并问我有没有时间来北京一趟，以便当面讨论。

大概在 1985 年秋天，我上北京去拜访傅先生。傅先生请当时总编办公室主任李岩接待我。李岩十分热情，带我迎着灿烂的阳光，穿过车辆稀少的马路，住进国务院招待所。此情此景，至今还历历在目。

当晚，傅先生请我在王府井大街中华书局一楼餐馆用餐，商谈了很长时间。他特地就专门史研究方法，表达了真知灼见。记得他说：如同唐代文学史撰写，须从唐代文学史长编、文学家传记考证、各个层面专题研究入手，不可能一蹴而就一样，宋代官制史的撰写，也须先做大量的前期准备。最好对宋代官制各个范畴、整体内涵及不同阶段的演变，都能有一个较深入的了解，如能作些专题研究，当然更好。在这样基础上写出来的宋代官制史，才能揭示两宋官制复杂的结构、运行的机制、职能的规定性与张力，及其演变的阶段性，等等，并鼓励我在《宋史职官志补正》完成的基础上，再接再厉，取得具有创新价值的宋代官制研究成果。这就是说，他并不赞同我马上去写宋代官制史，因为研究功力尚未臻于把握宋代官制史的境界。

回杭后，我就傅先生的意见作了认真考虑，认识到撰写《宋代官制史》条件不成熟。为了达到对宋代官制有一个全面而深入的了解，将宋代官制研究的基础打得更深厚，我决定先编撰一部具有创新意义的《宋代官制辞典》。所谓创新，就是不同于一般只有正式官名解释的职官辞典，而要增加读者难以索解的宋代职官别名和官制术语两部分内容。我又把我的设想，向傅先生汇报。傅先生表示赞同这个选题，并拍板："宋代官制以繁杂多变著称，如果做得好，可以在中华书局出版。"断代官制辞典出版，尚无先例，这要冒很大的风险，哪家出版社敢轻易承诺出版？傅先生这一拍板，需要何等魄力和勇气，现在回想起来，心中仍是感动不已。

1986年，我开始了编纂《宋代官制辞典》的工作。到了1987年，《宋代官制辞典》编撰前期准备工作已经完成。傅先生表示，可与中华书局综合编辑室联系申请选题。综合编辑室主任冯惠民先生，审查了我的申请报告，经与同室李肇翔（后接替冯先生为室主任）、徐敏霞等编辑商议，认为可以立项，并确定由徐敏霞直接与我联系样稿送审事宜。徐敏霞，既是傅先生北大同学，又是傅先生夫人。她曾参与《古代汉语常用字字典》的编纂，具有编纂词典的丰富经验、深厚的文史学养和高度的工作责任感。她仔细审阅了我送审的"凡例"和样稿，写了一份长达12页、写得密密麻麻的修改意见，并在样稿需修改处，一一贴上了写有批注的纸签。似这样的悉心指导，两年内达十余次之多！那切切实实、不厌其烦的高度负责精神，那严谨的一丝不苟的学术研究作风和深湛的学识，为保证《宋代官制辞典》的学术质量起到保驾作用。经过两年多编辑与作者切磋和交换意见，最后报总编辑审批，终于同意将《宋代官制辞典》列入中华书局出版选题。1989年11月16日，中华书局编辑部致函于我："《宋代官制辞典》一稿，我们双方联系，并就书稿编审中的一些问题交换意见，已两年有余。我们认为，这一选题是有意义的，你过去寄来的样稿，大体也属合适的，我们同意正式列入选题计划。"1997年，《宋代官制辞典》终于出版。该书出版后，受到海内外宋史界专家、学者和研究生的青睐，已成为宋史研究案头必备的重要工具书。

上述事实表明，正是傅璇琮先生具有前瞻性的学术眼光，直接把我推上了宋代官制研究的前沿。假如没有傅璇琮先生这一拍板，和后续编辑团队（徐敏霞、朱振华）的鼎力相助，也就没有这部《宋代官制辞典》的面世。

打造精品与经典，是中华书局全局的意识。

2007年3月，在北大"邓广铭教授百年诞辰国际学术研讨会"上，北大一些博士生与我说起《宋史职官志补正》脱销的事。我正好遇到中华书局总编辑李岩先生，于是提议能否将浙江古籍出版社出版的《宋史职官志补正》在中华书局出一个新的增订本？他慨然同意。不久，副总编辑徐俊将此事交给历史编辑室主任于涛落实。2009年，增订本《宋史职官志补正》纳入"二十四史校订研究丛刊"出版。

2016年，240万字的《中国历代职官别名大辞典》，经中华书局历史编辑室副主任胡珂、副总编辑兼古籍出版中心主任张继海力荐，总编辑顾青拍板接受，在中华书局出版增订本，并交给许桁责编。承蒙总经理徐俊先生器重，亲笔为该书题写书名，其潇洒秀美的书法，为拙著大增光辉。

浙江大学文科，素以治宋史著名。从前辈张荫麟、陈乐素、徐规诸先生到本人，薪火相传，文脉延续。今日浙大宋史研究，更以职官制度与科举研究特色，为学界所称道。中华书局将浙大制度史研究成果推向学科前沿，功不可没，令我们感念不已！

（作者系浙江大学教授）

我与中华书局的学术情缘

史金波

我从事西夏文史、中国民族史、民族古文字研究六十年，对中华书局有一种油然而生的亲近感。中华书局是以整理古籍为主的专业出版社，在整理出版古籍和学术著作方面成就非凡，为学界和社会提供了优质的精神资源，贡献卓著，享誉海内外。从我的研究经历体会到，古籍重要，版本重要，中华书局的作用十分重要。

中华书局整理出版的大量古籍和研究著述，汇聚着众多专家们的成果，也凝结着中华书局诸编辑专家们的心血。中华书局以助力弘扬古籍国粹为指归，为中华民族文化事业的继承和发展作出了巨大贡献。

一、师辈参与校订"二十四史"

研究历史，离不开"二十四史"，而中华书局整理出版的"二十四史",是研究文史的专家们离不开的精品书籍。"二十四史"的整理校订,受到毛主席和周总理的重视,也因"文革"而中途停止,参加此项工作的专家们多遭遇批判。但就在"文革"中,这项工程又奇迹般地恢复了,据说还是得到毛主席和周总理的指示。

当时中国科学院哲学社会科学部(简称"学部"),被下放到河南"五七干校"劳动,其中包括我所在的民族研究所。1971年我所著名元史专家翁独健先生、著名西夏

1973年春,点校组部分学者与中华书局工作人员在北京王府井大街36号中华书局合影。姓名标注为启功先生亲笔。

学家王静如先生突然被调回北京。后来得知，翁独健先生很快参加了"二十四史"中《元史》的标点、校勘工作。他有深厚的史学功底，尤擅长元史，在校勘工作中尽心竭力，忠于所事，查阅了大量史书，勘出书中错讹千余处，使中华书局出版的《元史》标点本成为最好的版本。后来"干校"生活结束，全部人员返回北京。我所的著名辽金史专家陈述先生参加了《辽史》的校订工作。民族所两位老专家参加主持了"二十四史"中两部史书的标点、校订工作，为此项工程作出了贡献。

"文革"后翁先生恢复了民族研究所副所长职务，并主管民族历史室工作，而我也进入历史室领导班子，先后担任副主任、主任职务，不仅在民族史业务组织管理方面得到翁先生的指导，在西夏和民族古文字学术研究方面也得到先生的教诲。他经常告诫我们，看史书要注意版本，并以其校点《元史》人名、地名的复杂性，指导我们注意在民族史研究中的特殊性，使我们受益良多。

经过二十多年的学术积淀，十多年前中华书局又开始了点校本"二十四史"修订工程，现已有多部史书以更加准确的新面貌问世，中华书局精益求精的精神为学术界赞叹不已。

二、联系出版《民族史论丛》

翁独健先生在指导民族历史研究时，既注重整体规划，也注意抓住重点，亲自组织《中国民族关系史纲要》的编纂，还特别重视学术园地的建设。早在1981年他就提出，民族研究所应该出版民族史方面的刊物，后来决定联系出版《元史论丛》的中华书局，以促成此事。1982年夏，我受翁先生指派，代表民族研究所历史室到王府井大街36号的老中华书局，找姚景安同志商谈。景安同志既是中华书局的编辑，又是元史研究专家，负责出刊翁先生主编的《元史论丛》。他在一个立满书架的编辑室接待我。由于有翁先生的事先介绍，我们商谈甚为顺利，中华书局同意出版《民族史论丛》，格式同《元史论丛》，简体字，页下注，由民族所辑稿、初编，中华书局编审定稿，不定期出版。

此后，我们便紧锣密鼓地编纂《民族史论丛》第一辑。由翁独健先生任主编，包括我在内的6人组成编辑组，邀请所内外专家撰写稿件，最后选用了23篇论文，包括著名史学家方国瑜、王钟翰、张正明等的论文，还有不少民族所历史室年轻专家的新作。1987年由中华书局出刊，16开本，共38万字。翁先生题写书名并撰写了发刊词，指出此丛刊的出版"实现了民族史研究工作者多年的愿望，从此有了一个专门发表民族史专题研究论文的园地"。

此论丛由于种种原因未能连续出刊，但它的确是民族史研究新园地的一个开创，为我们出版民族史论著文集积累了经验，特别是在与中华书局专家们的共同协作中，学到了编辑论文的规范要求、注意事项，增长了编辑才能和经验，使我们受益终生。

三、参加 90 周年、100 周年庆典

2002 年中华书局成立 90 周年，6 月 6 日上午在人民大会堂隆重举行纪念大会，下午移师香山饭店，召开"中国传统文化与 21 世纪"国际学术研讨会。

我也受邀参加大会和学术研讨会，会上聆听了中华书局总经理宋一夫和程毅中、崔文印等专家的发言，更加深入地了解了中华书局在古籍整理出版方面的系统贡献。

我在会上做了题为《西夏文文献的价值和整理出版的新进展》的发言，首次向古籍整理出版界介绍西夏古籍的发现、存藏部门和重要文献整理翻译的进展情况，特别是介绍了我们与存藏西夏古籍最丰富的俄罗斯圣彼得堡东方学研究所合作整理出版《俄藏黑水城文献》系列丛书的成绩，使学术界了解了这一大宗流失海外古籍复制回归出版的进展。翌年，中华书局出版了《"中国传统文化与 21 世纪"国际学术研讨会论文集》。

2012 年中华书局成立 100 周年，事先接到中华书局发来的参加庆祝大会的邀请函，深感荣幸。同时还收到为中华书局百年诞辰题字的要求，有些纠结。本人书法平平，难登大雅之堂，便未回复。过了些天，中华书局的老

朋友柴剑虹来电话说，为书局题字专家就剩下你和樊锦诗了，希望尽快写好寄来。我推辞不过，便写了西夏文"知识精进"奉上。

3月22日下午在人民大会堂举行中华书局成立百年纪念大会，数百位专家前来参会祝贺，盛况空前。会前大家先看展览，中间悬挂着二三十幅题字，有陈云、郭沫若、齐燕铭等老领导、老专家的早年题字，也有饶宗颐、冯其庸、裘锡圭、傅熹年、安平秋、袁行霈、蔡美彪、张传玺、楼宇烈等学者的题字，后来发现本人的题字也忝列其中，顿觉汗颜。本人的涂鸦进入人民大会堂，实在是蹭了中华书局百年大寿的热度。

四、出版民族古文字专著

我大学学习彝语，后研究西夏文，改革开放后与研究其他中国民族古文字的专家们联系渐多。1980年在季羡林、翁独健等老一辈专家的大力支持下，成立了中国民族古文字研究会，我先后担任秘书长、副会长和会长，为大家服务，期间对中国民族各文种的古文字、古籍有了比较多的了解。我的老朋友黄润华大学学习维吾尔语，后熟悉新疆诸文字文献和满文文献。我们在研究工作中感到，学术界缺少一部按时代先后全面论述中国古代少数民族文字文献的著作。这样的著作难度很大，其中包括不少民族文献缺乏明确的时代，需要仔细考证斟酌。我们商定要克服困难，集中精力合作编写这样一部书。经过几年的合作调查、编写，同时征询、吸纳了很多民族古文字专家的意见，最后书稿完成，名为《中国历代民族古文字文献探幽》。我们决定请中华书局出版。

中华书局接受了这部书的出版，由汉学编辑室主任李晨光和马燕负责编辑。此书涉及民族文字文种很多，为了增加读者的直观认识，书中插入各民族文字古籍图版很多，达250幅。这些民族文字的图版对编辑来说，无异天书一般，稍有不慎就可能反置、倒置。中华书局的编辑专家认真负责，很好地完成编辑工作，于2008年顺利出版。

此书出版后引发较好的学术影响。特别是2007年国家开展全国古籍保护工作，同时在全国范围内开展评选国家珍贵古籍名录的工作，其中包括少数民族文字古籍。这部著作的适时出版，使少数民族文字古籍登录和珍贵古籍名录的评选工作有了相应的参考书。在此期间，中国古籍保护中心还开办了少数民族文字古籍培训班，即以中华书局出版的这部著作为基本教材，我和黄润华被聘为授课老师。

五、《西夏文物》的系统出版

元代修前朝历史时，修纂了《宋史》《辽史》和《金史》，未修西夏史，因而西夏文献资料稀缺，社会历史面目不清，被称为"神秘的西夏"。近代以来发现了大量西夏文献和文物，可补历史文献的不足。新发现的文献文物除黑水城出土大量珍贵文献文物流失俄国、英国外，国内又陆续发现了很多西夏文物。特别是新中国成立后，随着文物考古事业的发展，西夏文物层出不穷。只是这些文物分散各地，除原西夏故地宁夏、甘肃、内蒙古以及陕西、新疆、青海外，还涉及其他省区，地域分散，加之很多文物藏于文博部门，查找不易，制约了西夏学的发展。

2011年全国哲学社会科学规划领导小组批准将《西夏文献文物研究》设立为国家社科基金特别委托项目，我为项目首席专家。当年我们将《西夏文物》的系统编纂出版列为重大项目，对国内存世西夏文物开展全面调查研究，汇集各地西夏文物资料，计划分五编系列出版，包括《宁夏编》《甘肃编》《内蒙古编》《综合编》和《石窟编》。每编下设遗址、金属器、陶瓷器、石刻石器、木漆器、造像绘画、织物、文献、建筑构件等卷，卷下再设若干类。书中依次布列文物图版，每一文物尽量采用多维角度的多种图版，同时以准确、详实的文字说明。各编依据文物数量分为若干册出版。

此大型系列丛书由中华书局和天津古籍出版社联袂出版。现已出版《内蒙古编》4册、《甘肃编》6册、《宁夏编》12册，《综合编》4册和《石窟编》8册待出。

在编纂过程中，中华书局的编辑专家负责最后把关审稿，往往能提出问题，指出错讹，弥补不足，为保障书稿质量起到关键作用。此系列丛书的出版，为西夏研究提供了大量实物资料，有力地推动了西夏研究，《光明日报》等多家媒体做了报道。

1900 年八国联军攻占北京时，掠走了大量文献文物，其中包括法国驻北京领事馆官员掠走的珍贵古籍泥金写西夏文《妙法莲华经》6 册，后分别入藏法国吉美博物馆和德国柏林民俗博物馆。我于 2012 年访问法国吉美博物馆，并与该馆达成合作，出版其保存的三册西夏文《妙法莲华经》。此书书名为《法国吉美国立亚洲艺术博物馆藏西夏文献》，仍由中华书局和天津古籍出版社于 2018 年 1 月联合出版。当年获天津市优秀图书奖，翌年获全国古籍出版社年度百佳图书（2018 年）一等奖。

中华书局对西夏研究的支持还不止于此。2011 年中华书局还出版了宁夏大学杜建录教授主编的《党项西夏文献研究》。该书收录 300 余种正史、笔记、文集、碑刻以及出土文献中有关党项与西夏的资料，以地理、人物、职官、国名、纪年、物产、生态、社会、宗族、部落等项分类，是检索党项、西夏文献资料的大型实用工具书。

5 年后的 2016 年，中华书局和天津古籍出版社又合作出版了杜建录任总主编的《中国藏黑水城汉文文献释录》。该书由宁夏大学西夏学研究院、俄罗斯科学院东方文献研究所、中国社会科学院西夏文化研究中心、甘肃省古籍文献整理编译中心等多家单位联合整理编纂，是对黑水城出土 4000 件汉文文献全面、系统的整理，包括录文、叙录、校勘和注释，分为农政、钱粮、俸禄、律令与词讼、军政、票据与契约、礼仪与儒学、医学与历算、堪舆地理等 9 卷，内容丰富，洋洋大观。

中华书局作为出版古籍的权威出版社，能够多次关注到新兴的西夏学科，为西夏研究提供新资料、新整理成果、新工具书，难能可贵，值得赞扬。

六、承担出版古代各民族文字契约成果

2014 年，武汉大学陈国灿先生和出土文献与传统经济研究所乜小红所长邀我参加他们申报的国家社会科学基金重大项目《丝绸之路出土各族契约文献的整理及其与汉文契约的比较研究》，项目中包括西夏文、回鹘文和藏文契约卷。正好我近些年在做西夏文契约研究工作，也想通过这个项目与经济史专家们多交流，多学习，便愉快地答应下来，负责其中的西夏文卷。课题组主要成员包括回鹘学专家张铁山教授、藏学专家杨铭教授。立项后工作进展十分顺利，三种少数民族文字契约研究都按步骤进行，取得了阶段性成果。

之后，我们又接洽了中华书局，确定阶段性成果论文集和最后成果多卷本各民族契约整理、译释、研究都由中华书局出版。但课题首席专家乜小红教授于 2016 年因病去世，令人悲痛。后课题首席专家由陈国灿先生接任，

2017年在武汉大学召开了课题组会议，中华书局刘明编辑参加会议，大家共同讨论进一步推进项目进展，明确质量标准和体例要求。

更令人想不到的是，陈国灿教授也于2018年因病离世，真是痛上加痛。后来由武汉大学颜鹏飞先生继任课题首席专家。在接连损失两位首席专家的情况下，大家没有灰心动摇，而是更加努力工作，决心以更高质量完成项目。至2019年，各民族文字契约的西夏文卷、回鹘文卷、藏文卷都完成初稿，颜鹏飞教授和我受课题组委托，于12月20日到中华书局具体商谈出版问题。中华书局罗华彤主任、白爱虎编辑和我们一起具体磋商，就进一步完善书稿、尽快高标准出版达成一致意见。会后我们将意见传达给课题组，并再次强调书稿质量，统一体例规格，希望抓紧完成。

因西夏文契约数量很大，且多为难以识认的草书，开始设想可能难于全部整理、翻译完成，只能做完一部分。第一次初稿完成不到200件契约。后来因完成时限延长，又继续搜集整理、翻译，数量有了大幅度提升，至2020年底交出一份340多件契约的修订稿。后来感到既然要系统整理、出版，应该尽量完整。中华书局的编辑专家也提出类似的要求。近两年来，我力求全面、系统地核查国内外各相关部门所藏西夏文文献中的西夏文契约，无论完残，尽量网罗，收录编排，翻译注释，最后完成了一份

500多件契约的书稿。我在后记中特别感谢中华书局的编辑专家：将多种民族文字契约编辑出版，是一件十分烦难的工作。他们兢兢业业的工作，使读者看到几百年、甚至上千年前的各民族契约，从而了解中华民族多元一体社会丰富的内涵，值得称赞。

七、中华书局专家印象

我所接触的中华书局的专家们，不仅是古籍编辑的高手，还是古籍整理和研究的专家。除上述提及共事的几位外，还有一些老专家给我留下了深刻印象。

2002年国家正式立项建设重点文化工程项目"中华再造善本工程"，通过大规模、成系统地复制出版中国善本古籍，使之化身千百，为学界所应用，为大众所共享。该工程由一批专家组成编纂出版委员会，中华书局的傅璇琮、程毅中、许逸民先生都位列委员，本人也忝列委员。当时规定编纂出版委员会的工作职责是：组织、推荐、评议、审核、论证预选书目；对工程有关学术问题提供咨询意见，负责日常编纂、出版工作，可见工作任务之重。在前后几年的工作中，大家一起遴选善本书目，讨论相关出版事宜，甚至细化到用什么纸张，在哪里印制。后期重点是请专家按统一体例、参考《四库全书》提要，为每部入选书写提要。编纂出版委员会委员负责提要的审稿。当时是专家们写完一部分，编纂出版委员会就开会集中审阅一部分。各委员事先审阅所分提要，开会时发言提出修改意见，集体讨论。我在会上一面提出意见，一面向各位专家学习，在经史子集版本目录方面受益不少。后来在大家的共同努力下，出版古籍善本1300余种，还出版了《中华再造善本总目提要》和《中华再造善本续编总目提要》，圆满完成这一重点文化工程。

中华书局的老专家们认真审阅每一个提要，从书名、作者，到形制、内容，字斟句酌，一丝不苟，精益求精。

傅璇琮先生曾任中华书局总编辑，学问深湛，文史兼修，尤工于文学，出版多种文献整理、考证、研究著述。会上发言略带有浙江口音的普通话，引经据典，态度认真，令人钦佩。他曾将其撰著的一套著作寄赠给我，令我十分感动。

程毅中先生也是资深的版本学家，曾任中华书局副总编辑，长于集部小说类整理，搜求版本，考镜源流，著作等身。他整理出版的《古体小说钞》《宋元小说家话本集》为学界所称道。程先生工作认真，态度谦和。其公子程有庆也被培养成优秀的版本学家，在国家图书馆工作，我们也有学术交往。

许逸民先生是著名的校勘专家，其代表作《古籍整理释例》，精心撰著，成为古籍整理的教科书式著作；其又作《酉阳杂俎校笺》，功力深厚，嘉惠后学。他还兼任袁行霈先生主编《国学研究》特约编委。拙文《西夏书籍的

在"中华再造善本工程"阶段性会议上，与程毅中先生（右）一起查看已经印出的再造善本。

编纂和出版》即由许先生亲自编审，2003年刊登于《国学研究》第十一卷。

2007年，国务院开展全国古籍保护工作。这项重要文化工程旨在进一步加大古籍保护工作力度，推进古籍综合信息数据库建设，形成全国统一的中华古籍目录。为此专门成立了专家委员会，中华书局傅璇琮先生为顾问之一，国家图书馆李致忠先生为主任，安平秋、朱凤瀚先生和我为副主任。许逸民等专家参与。

其中一项重要工作是在全国古籍普查的基础上，建立国家珍贵古籍名录。国家珍贵古籍名录是为建立完备的珍贵古籍档案，确保珍贵古籍的安全，推动古籍保护工作，由文化部拟定，报国务院批准后公布的一份名录。我得以与中华书局的专家参加全国古籍保护工作会议，进行评审工作。时任国务委员陈至立同志、时任国务院副总理刘延东同志先后参加会议，并与专家们合影。

在这两项国家重点文化工程中，中华书局的专家们工作认真，学养深厚，见解深刻，给我留下深刻的印象。

中华书局柴剑虹编审，编辑出版了大量著作，还是著名的敦煌学家。我们都是中国敦煌吐鲁番学会会员，相识较早。剑虹后为学会秘书长、副会长，我则任顾问，有时一起参加学会活动。季羡林先生主编《敦煌学大辞典》时，我们同是编委，一起参加会议讨论问题。他给我的印象是学识丰厚、沉稳干练、谦虚厚道。他的老师是启功先生。我与国家图书馆黄润华同志曾因中国民族古文字研究会事登门拜访启先生，启先生为中国民族古文字研究会做七律一首，并书写条幅，由我们取回学会珍藏。我和剑虹都以季羡林先生为宗师。季羡林先生对民族古文字研究、西夏研究，始终给予热情的支持和关注。2006 年的一天，我接到剑虹的电话，他说最近去看望季先生，季先生得知我被聘为中国社会科学院学部委员后很高兴，说："你看史金波成了新的学部委员，可见研究少数民族文字也大有可为。"后来剑虹在《光明日报》发表《季羡林谈古籍整理出版》时还引用了这段话。

此外，我与中华书局还有一些其他业务往来，比如给中华书局主办的《文史》审看相关稿件，为中华书局出版的著作写推荐意见。

回顾五十年来陆陆续续与中华书局专家们的交往，合作完成了许多工作，学到了许多知识，增进了与各位专家的友情，与中华书局的学术情谊愈来愈深厚。

在庆祝中华书局110周年诞辰之际，祝愿中华书局与新时代同频共振，再接再厉，精品纷呈，整理出版更多更好的古籍经典和学术新著，惠及学界，惠及大众，为中华古籍"活起来"再创新功，为弘扬中华民族文化作出新的贡献。

（作者系中国社会科学院研究员）

我和中华书局

项　楚

中华书局创建已经 110 周年了，我和中华书局的结缘也已经 40 年了。从我最初踏入学术界，就有中华书局在我的身旁，给我支持，给我帮助，这是我的幸运。

记得在上个世纪 80 年代之初，当时还是无名小卒的我，冒昧地给中华书局编辑出版的《文史》刊物投稿，没想到《伍子胥变文补校》竟顺利刊载了，这给了我极大的鼓励。此后，《文史》又先后发表了我的七八篇论文。《文史》是当时具有权威性的文史类刊物，我在《文史》等相关刊物发表的论文，使我在进入学术界时有了高的起点。

中华书局是最具权威性的专业古籍出版社，它出版的各类书籍一直以高质量享誉学术界，我也从中华书局出版物中不断汲取学术营养。有一次我读到中华书局出版的《五灯会元》，发现了其中一些失误，于是我写了一篇《五灯会元点校献疑三百例》，由《古籍出版整理情况简报》发表。后来中华书局再次印刷《五灯会元》，其中就吸取了我的意见，对纸型进行了挖补修改，并且在第一时间把新书寄赠给我。当我翻阅新书的时候，感觉我和中华书局之间似乎有了一种默契和信任。

大约是上个世纪90年代中期，有一次中华书局顾青等先生来成都调研，期间光临了寒舍。当他们知道我手边有一部《敦煌变文选注二集》的文稿，便很乐意地接受了这份文稿，并且提议和以前出版的《敦煌变文选注》合并为增订本《敦煌变文选注》。两书的合并过程增加了编辑很多工作量，最后很完美地完成了。其实在这之前，有一个地方出版社的编辑很想出版这本书，后来上层讨论时因为"赚不了钱"而未能纳入出版计划。因此，我对中华书局的出版理念更加理解和佩服了。也因为这个原因，当我完成《寒山诗注》文稿时，我便想到一定要交给中华书局出版。后来有幸由徐俊先生担任责任编辑，他以学者的深厚素养编辑这部书稿，为拙著增光不少。从出版的角度看，这部书从内容到形式，都是我很满意的一部。

大约在2014年前后，一些学者和同事提议整理出版《项楚学术文集》，中华书局又慨然接受了出版工作。《文集》共收入著作8种，11册。举行出版发布会那天是我80岁的生日，徐俊先生在会上作了长篇学术性发言，令我深受感动。

回顾我的学术生涯，从起步走到今天，中华书局一直给予我难忘的支持和帮助。我和中华书局的故事，只是许多学者和中华书局故事中的一个。在中华书局创建 110 周年的时候，我相信这样的故事今后会继续发生，中华书局将一直是读者和作者的良师益友。

（作者系四川大学教授）

贺中华书局百十周年华诞

戴志强

近三十年来，中华书局出版有关钱币方面的书籍约60余种，其中既有学术性专著，也有资料性、知识性读本。以中华书局在学术界、出版界的影响力，确实为弘扬中国钱币文化、普及钱币知识、推进钱币学术研究作出了积极贡献，为当代中国钱币学的学科建设作出了积极贡献。

如今中国的钱币学已经从少人问津的冷门，发展成为拥有钱币爱好者、收藏者、研究者人数逾百万的显学，中华书局功不可没。

我作为一名钱币工作者、一名亲历者，不会忘记中华书局几代编辑的辛勤耕耘、默默奉献；不会忘怀中华书局为钱币界、学术界所作出的贡献。

故此我怀着感激之情，真诚地祝贺中华书局百十周年华诞，真诚地祝福中华书局越办越好，为学术界、为广大读者多出好书。

（作者系中国钱币博物馆馆长）

百十周年传伟绩

——重温启功先生祝贺中华书局局庆诗词有感

柴剑虹

1987 年新春风和日丽的一天，我到母校北京师范大学家属院红六楼看望恩师启功先生。这天难得先生家里无访客，可以从容闲聊。谈及中华书局即将举办创办 75 周年局庆活动，先生像往常一样，递给我一个他撰写诗词初稿的小本子，说："哦，书局领导让我为局庆写诗，我刚写得一首《定风波》词，您瞧瞧！"我遵嘱拜读，全词如下：

定风波　一九八七年新春

中华书局成立七十五周年纪念征题。余曾参预《清史稿》标点之役，在局七年，前尘可忆，拈此为颂。时年亦七十又五矣。

与我同销万古愁，蓦然七十五春秋。细校精刊传伟绩，无敌，青箱芸篚不胜收。

点笔每评清史馆，擎杯共醉办公楼。旧事七年

如梦寐，堪味，至今
一岁一回头。
我觉得启功先生以《定风波》词牌作词，好像是第一回，而且这首词抒写了自己与中华书局同年庆生的身世感受，写进了他在中华书局参与点校《清史稿》的经历，"万古愁""蓦然""伟绩""无敌""如梦寐"云云，确实颇堪回味。于是我征得先生

启功

同意，将全词抄写下来。抄写时，启先生还叮嘱："这是草稿，您先看看，先别外传，待我修改。"当日回家后，我将抄录这首词作的一页纸夹进了启功先生的一本著作中。后来局庆期间，启功先生是否将这首贺词修改定稿后递交中华书局，我就不清楚了。现在，正值中华书局110周年诞辰，我偶然翻出此纸，引发了应该写篇短文的念头。

经查阅收入《启功全集》第六、七两卷的先生诗词作品，连少许"联语"总计近1200首，其中词作88首，用得最多的词牌是《南乡子》（24首）、《鹧鸪天》（13首）、《十六字令》（11首），果然没有一首《定风波》词。全集

中收了 3 首贺中华书局局庆的诗词，分别是：

中华书局七十周年纪念

开局迢遥七十周，芸编与我共春秋。

青灯仍奋三馀笔，鸿业新看百尺楼。

焚后奇观书有种，镂来善本字精雠。

赓歌尚忆怀铅乐，片席当年预胜流。

（《启功韵语》卷四，署 1981 年）

中华书局七十五周年纪念

文明教育藉缥缃，懋绩丰功世不忘。

七十五年人共寿，瑶函如海业辉煌。

（《三语集外集》署 1986 年 11 月）

如梦令　中华书局八十周年题

八十周年特刊，事业蒸蒸不老。出版尽香花，没有一根毒草。真好，真好。伟大中华之宝。

（《三语集外集》误署为"20 世纪 80 年代"）

据 2012 年出版的《中华书局百年大事记》记载：1987 年"2 月 25 日《联合书讯》'纪念中华书局成立 75 周年特刊'出版。刊出陈云、周谷城、楚图南、王子野、启功、顾廷龙为我局成立 75 周年的题辞"。我没有找到这份《联合书讯》特刊，但从孔夫子旧书网上查到该特刊的题辞照片，启功先生所题即是《三语集外集》所收的那首七绝诗，所署日期为 1986 年 11 月 4 日。所以，中华书局档案柜中的启功先生贺书局 75 周年条幅所书，应该即是这首七绝。那么，为什么启功先生在第二年新春又写一首纪念书局成立75周年的《定风波》词让我抄？而且后来是否修改定稿？为何既没有呈交中华书局，也未收入诗词集？我不能妄加推测。似乎成为一首颇可推究的"佚作"。

启功先生这首《定风波》第一句，将李白名篇《将进酒》的末句"与尔同销万古愁"，改一字化"尔"为"我"，不仅有"时空穿越"之感，而且一开头就贴近了自身与中华书局"七十五春秋"同悲喜、共甘苦的心境。先生以人类历史长河中的"万古愁"，借寓古今中华民族所遭受的磨难，当然也包含了中华书局与他个人的曲折历程，而在1912年至1987年这75年"弹指一挥"的"蓦然"之间，却可一朝"同销"——这正抒发了他为国家进步、为书局庆贺，也为自己庆生的喜悦心情。

"细校精刊"以下三句，则精炼地写出了中华书局在传承优秀文化中的丰功伟绩与古籍整理出版界无可匹敌的卓越地位。在词的下半阕，启功先生简要回顾他于1971—1977年在中华书局参与"二十四史"及《清史稿》点校工作的"旧事"。记得先生常常对我说起，当时得以从学校里挨批斗的酷烈环境中脱身，到相对平静的中华书局办公楼从事古籍点校工作，实为平生一大幸事。从先生有幸保留的简要日记可知，他于1971年8月30日在师大中文系的军宣队处开了证明信，到王府井大街（当时改为人民路）36号中华书局办公楼报到，被分配参加《清史稿》点校工作，平时就住宿在楼里，工作之馀，晚间还可以和其他一些先生到附近的小酒馆用餐或回办公楼宿舍聊天、小酌，所以有"擎杯共醉办公楼"之句。期间，他虽然因患严重的颈椎病、美尼尔氏综合征要去医院治疗，他夫人也因病重住院后于 1975 年初去世，但他仍兢兢业业地从事《清史稿》点校工作和《诗文声律论稿》的著述，除了参加日常的"政治学习会"外，有时一天点校超过 1 万字，还有文字的复核工作，故上录他贺书局 70 周年的诗中有"青灯仍奋三馀笔"之句——"三馀"的典故出自《三国志·王肃传》裴松之注引三国魏鱼豢《魏略》，即"冬者岁之馀，夜者日之馀，阴雨者时之馀也"。1977 年 9 月，启功先生结束在中华书局的点校工作回到师大，为恢复高校招生后的教学工作做准备。该 70 周年诗中"焚后"一句亦寓庆幸"文革"后书局恢复编辑出版业务，自己得以"预流"古籍整理研究事业，能够继续为传承中华文化贡献力量之意。

1976 年 10 月初，"四人帮"被粉碎的消息传到中华书局，先生欣喜间于 10 月 10 日提笔写了如下一首七律寄给挚友黄苗子先生：

叛徒粉碎不成帮，意外听来喜欲狂。

转眼狐臊难再冒，当心狗腿未全光。

四人一瓮登时捉，八蛋同宗本姓忘。

从此更须齐努力，莫随东郭放豺狼。

（《三语集外集》署 1976 年）

表达了在"意外"听到喜讯的同时，提示警惕"三种人"沉渣余毒的睿智。他的《诗文声律论稿》在中华书局出版中遭受的周折，也证明了这一点。确实是七年"梦寐"，颇堪"回味"。

1978年3月，启功先生被推举获任第五届全国政协委员，但其时尚未恢复其教授职称。当年夏秋之际，北师大中文系招收我们这新一届古代文学研究生时，启功先生还不在导师名单中。1979年初，北师大党委下达文件，正式改正先生1958年初被打成"右派"的错误；3月经上级批准"同意提升为教授"，4月下旬正式恢复了原级别、职称，中文系才安排将先生列入研究生导师行列为我们授课。1981年夏秋之际我读研毕业前，启功先生多次跟我谈起他在中华书局的经历，充满感情地说："书局是我第二个家！"之后还推荐我进入中华书局做编辑工作。大约正是当年岁末，他为纪念中华书局成立70周年题写了一首七绝诗。该诗中的"共春秋"，75周年诗中的"人共寿"，都表达了作为中华书局"同龄人"与"第二个家"同庆寿诞的心情。75周年诗中特地将中华书局的出版工作表彰为建设精神文明的"懋绩丰功"，80周年的词中则直白地将"出版尽香花，没有一根毒草"赞誉为"伟大中华之宝"，语浅而意深。

启功先生为出版社、学校、文化机构等撰写的庆贺诗词甚夥，其中为中华书局所写数量最多，即除了前面所

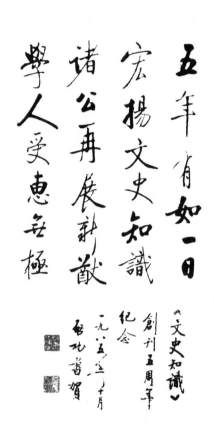

五年有如一日
宏揚文史知識
諸公再展新猷
學人受惠無極

《文史知識》
創刊五周年
紀念
一九八五年十月
啟功舊賀

启功先生为《文史知识》创刊五周年题写的贺诗

录 4 首诗词外，还有为《文史》创办十周年，为《文史知识》创刊五周年、十周年的贺诗，均韵律规整、内涵丰富，且风格独异，而他的这首词作特地采用《定风波》词牌，将国家改革开放的大环境与个人痛定愁销的身世际遇紧密地结合起来，在"一岁一回头"沉郁顿挫的吟咏之中，将交织着忆旧、念旧、怀旧的真挚情感，同"不温习烦恼"、努力求进的达观心态融汇一体，这在启功先生的上千首诗词作品中亦属罕见。35 年过去，虽是"弹指一挥间"，而瞬间睿智可越千年，先生此词所蕴含的思想营养，实在是值得我们今天细细品味和汲取的。

从 1981 年启功先生推荐我成为中华书局的一名编辑，至今也已 40 馀年了。从神州大地沐浴改革开放春风呈现万千新气象，到中华民族进入百年新征程的社会主义新时代，中华书局从计划经济框架下的分工从事古籍整理与学术著作编辑出版的事业单位，转变为坚持守正出新，需要自负盈亏、上交利润的国有企业；正式员工人数从我进局时的不足百人，到目前在岗的 358 位，新生力量日趋雄厚；年出书品种也从上世纪 80 年代的一二百种，飞速增长为近期的每年一千五六百种，其中受到读者青睐的好书层出不穷。

十年前我奉命与李爽、杨一两人负责编辑《中华书局百年总书目（1912—2011）》时，统计中华书局百年间的出版物约 3 万种，如今已超 4 万种，发展之快，变化之大，难以细说，但诚如启功先生词中所云，依然保持了"细校精刊"的好传统，创造了"青箱苕筐不胜收"的文化伟绩。尤其需要在此强调的，启功先生为书局近200种出版物题写的书签，可谓当代出版史中无与伦比的墨宝，欣已结集印行；北京、香港两地中华书局出版的启功先生著作已达20多种，累计印数超68万册，真正是"琅函如海"，惠泽今人后世。

对于我本人来说，在中华书局古代文学编辑室六年，《文史知识》编辑室十年，汉学编辑室七年，退休至今十七年（其中返聘七八年），自觉虽做不到"一岁一回头"，没有更多值得可忆和"回味"的"前尘"，但是始终牢记着恩师启功先生的谆谆教诲，努力将做一名"学者型编辑"和出好书的"传薪人"，当作自己为传承中华优秀文化贡献微薄之力的核心要务，未曾敢有丝毫懈怠之心。如今临近耄耋之年，在与中华书局其他160余位离退休人员同庆中华书局110周年丰功伟绩之时，藉温习启功先生贺词撰此小文，表达自己的些许感受。

（作者系中华书局编审）

我和中华书局的人缘与书缘
——为中华书局 110 周年庆作

吴在庆

一

提起我和中华书局的人缘与书缘，首先值得殷切回眸的，系上世纪 80 年代中，与中华书局傅璇琮、许逸民两先生在《中国文学家大辞典》编撰会议上见面交往的经历。

我和傅璇琮先生的书信往来起于 1981 年，那时我正在撰写《关于杜牧研究的几个问题》的硕士学位论文。当时就与四川大学历史系缪钺教授和中华书局傅璇琮先生有所通信，向他们请教。后来先师周祖谟先生又将我的学位论文寄请这两位著名学者评审。但最早面见傅先生，已是 1984 年了。见面之缘，乃因傅先生主持编撰《中国文学家大辞典》之事。当时中华书局筹划出版这一套书，其中

《唐五代卷》的主编即请周先生担任。为了这套书的编撰，傅先生邀请部分分卷的主编和撰写者，如中国社会科学院研究员曹道衡、沈玉成先生，苏州大学钱仲联（钱先生之女侍行）、吴企明两教授，徐州师范学院吴汝煜教授等来厦门大学商讨相关事宜。当时我已研究生毕业留校任教，作为周先生主编《唐五代卷》的助手和撰写者（我撰写了此书 800 多名唐代作家小传），参与这次小型会议的有关工作。在这次会议上，傅先生赠我中华书局 1980 年出版的《唐代诗人丛考》大著。这是我和中华书局的人缘、书缘最早相结合的颇值得一提的往事。还值得一提的是，《中国文学家大辞典·唐五代卷》的撰写者乃由周先生约请，除了我和贾晋华同学为周先生的门人外，周先生还邀请了卢苇菁、吴企明、吴汝煜、陈允吉、陈尚君、金涛声等先生参撰，所邀请的校外诸作者可谓一时之选，使此书的学术水平获得有力的保障。后来此书经责任编辑徐俊先生认真审慎编辑后，于 1992 年由中华书局出版，并在当年初冬在厦门大学举行的中国唐代文学学会第六届年会暨国际学术研讨会上，分赠与会代表。此书出版后不久，即获得学术界的高度赞誉与好评，认为是唐代文学研究的重大成果。此后的唐代文学研究界，包括我在内，多获此书沾溉之惠。

也是在这次会议上，我首次见到时任中华书局文学编辑室主任的许逸民先生。见面后，方知道他和曹道衡、沈玉成、傅璇琮三先生均毕业于北京大学中文系，只不过许先生毕业于较晚设立的古典文献专业，高我五届，可算是同校系友。可惜春兰秋菊不同时，我们在北大时没交集，因我一入北大，他正好毕业入职中华书局了。知道了这一层关系，我和他自然多了一层亲近感，以致此后很长时间保持着联系。这种联系，也自然多与书籍有关。比如，由傅璇琮、张忱石和他一起编撰的《唐五代人物传记资料综合索引》一书，1982年已由中华书局出版。然而一直到这次见面后，我才知道有此重要的索引著作，并经由许先生回京后寄给我。该书与我颇有缘分，对于我此后至今的古代文史研究工作具有不可或替的作用，以致常置于书案上，随时翻检，可谓使用率极高的书籍之一。

这次和许逸民先生见面后，此后较长一段时间还因我委托购书、送书稿至中华书局，乃至因我评职称需要中华书局开具有关证明等事麻烦过他，而他则热心尽力帮助，真称得上助人为乐了。行文至此，还想提及一件接待许先生和几位学术大家的往事。1986年，在广东汕头召开首届韩愈国际学术研讨会。出席这次会议的傅璇琮、周勋初（南京大学教授）、罗宗强（南开大学教授）、张清华（河南省社会科学院研究员）和许先生一道途经厦门，下榻于鼓浪屿观海园宾馆。我获知此事后，即前往宾馆拜望诸位先生，并于第二天在鼓浪屿泉州路107号家中招待他们。那时厦门的物资供应还较欠缺，也未流行在饭馆请客，所以尽管几位都是我所敬重的师辈学者，但却难于盘中罗珍馐地尽地主之谊，只记得其中有本地特色的海蛎煎和蒸螃蟹而已。过后想到他们长期生活在北方，可能不习惯于这些南蛮海陬特色食品，故每一想起，颇觉愧歉。不过，尚可自慰的是，当许先生返程经厦门时，他特地买了一只当时较珍贵的白羽毛的活乌龙鸡，准备带回北京。他正为回途中不可能手提这只活鸡搭船乘车行千里为难，于是我为他及时找了只大小合适的空纸皮箱子，并在纸箱上凿了几眼透气孔，权作鸡舍，这才方便许先生这次千里之行。此事不知许先生尚有印象否？我每忆及此事，不免怅然一粲。2016 年许先生来厦门大学出席文选学学会年会（他曾任文选学学会会长），我们又见了面，得叙契阔之情，并互赠学术著作。他赠送我由中华书局出版的《古籍整理释例》和《酉阳杂俎校笺》两部大著，它们对我至今仍在校笺的古籍整理项目工作颇有助益，从而让我更感受到中华书局的人和书的魅力与影响。

二

我所参撰的《中国文学家大辞典·唐五代卷》一书，只是出版于中华书局的我所撰著的五部书之一。除此以外，我也参撰傅璇琮先生主编的《唐才子传校笺》一书，并有《杜牧集系年校注》、《韩偓论稿》（此两部书之俊秀题签，均蒙徐俊先生所赐书。今谨借此小文，向徐先生致以谢忱）、《韩偓集系年校注》等均由中华书局出版。后三书的责任编辑分别为俞国林、李碧玉、李天飞。三编辑在编辑拙著时，均严谨认真，黾勉从事，以精益求精之态度审校拙著，并提出宝贵的校改意见，使拙著得以精品出版，并获学术界、出版界好评。他们这种值得称道的为他人作嫁衣裳的奉献精神，真可体现中华书局的做派与精神。

在这里，我想侧重谈谈我参加撰著《唐才子传校笺》一书的情形。《唐才子传》是唐代文学研究者必备的重要参考文献，它为研究者提供了300多名唐代诗人的生平仕履与作品的基本资料。但尽管如此，此书文字以及内容上的讹误和欠缺也是不容忽视的。上世纪80年代初，正逢春风化雨、百业复苏之时，古代文学研究也逐渐获得生机。古代文学研究必须靠大量文献典籍支撑，唐代文学研究也自然如此。正是在这种情况下，作为中华书局总编辑的傅璇琮先生在组织了《中国文学家大辞典》的编撰后，又发起组织多名相关学者一起整理校笺《唐才子传》。我有幸很早就受邀承担此书第九卷的校笺，并多次获得他来信具体指导。傅先生在筹划校笺此书之初，即于致我信中说：“我早有志于整理《唐才子传》一书，此书对后世治唐代文学史者影响很大，不少人奉为圭臬。此书确实保存若干史料……但此书中错谬也极多，后人不察，依为根据，讹误滋多。‘文革’前上海马茂元先生曾积累资料，为作笺证，'文革'中马先生受到冲击，他一气之下把稿烧了，现已不能挽回。我想从几方面着手……前些年日本人做了一部《唐才子传之研究》一书，厚厚一册，对某些材料出处作了考订，但较简略，但就是这些，我国也没有。为了在学术上争口气，我们也要搞出来，显示中国学术界所能达到的水平。因此我想以集体的力量来做，对有关诗人作过研究的，就约请谁来作。……邀约的人大致定了后，由我起草一份体例说明，并拿出两三篇样稿（都打印），这样可以更清楚些。我希望你和晋华同志能够参加，并希望你们能基本上把卷八、卷九、卷十包下来。你们现在正从事《文学家辞典》工作，重点在晚唐，也是结合的。"傅先生所以要校笺这部书，除了上引信中所说的外，还认为"如果搞得好，则这部书将非常有用，也是我们贡献于唐代文学研究界的不算小的成果"。为此他亲自撰写体例、样稿，分寄我们，并来信说："希望你收到样稿后按照既定的体例与规格进行。主要是材料，有了材料就好办。第九、第十卷是晚唐、五代，材料本来就不多，且分散，希望你尽可能搜辑，越多越好。"傅先生的指导是颇为具体与经常的，还时常了解我们的研究状况与进度，在那阶段我们时有书信往来。在一次信中，他写道："卷九一十是唐五代，小家多，材料分散，有些只能从头做起，前人可资参考的不多。困难较大，主要是材料搜集的问题。请你与晋华同志商量一下，能否在保证质量的前提下提早完成，能什么时候完成，给我一个较具体的时间，使我能统一考虑。目前进行情况还盼见告。"在撰写过程中，我先将有些初步完成的部分寄请傅先生郢正，他除了提出修改意见外，还时加鼓舞勉励，如谓"张祜传笺证稿已阅，写得非常好。读后很受启发。对张祜你研究有素，厚积薄发，故如此充实。笺证全书如能保持这样的水平，就极为可观了"。《唐才子传校笺》先出了第一册，第二册又发稿后，先生来信鼓气说："从目前看，此书质量还是可以的。我们共同的目的，一是要超过日本人，不使其专美于前，争一口气。二是要体现当前唐诗学研究水平，有所开拓。特别是中晚唐，过去研究薄弱，材料分散，不易找。你和晋华同志担任的晚唐五代，会是很有特色的。望以质量为重，不必求高速度。"在傅先生指导下，我们大概用了三年左右时间完成了所承担的《唐才子传校笺》工作。当他看完我们的稿子后，高兴地来信肯定说："现在你和晋华同志的稿件我都已看好，对你们二人所作我很满意。卷九、十是唐末、五代小家，资料辑集不易，我原以为没有什么好采的，想不到你们搞得如此丰富，真出我意外。"

从上引信件中，我们不难领略傅先生的学术眼光、格局与担当。从我多年来和中华书局诸位编辑的来往接触，乃至对中华书局出版的众多典籍著作的阅读使用，以及最近阅读中华书局所赠徐俊先生《翠微却顾集——中华书局与现代学术文化》大著中，我深切感到傅先生其人与精神，其实正是中华书局的杰出代表。

三

由于傅先生的信任和对我的有意培养，从上世纪80年代中起，我参加了傅先生主持的多项重要学术撰著课题，如《中国文学家大辞典》《唐才子传校笺》《唐五代文学编年史》《五代史书汇编》等，并和他合作撰写了几篇文章。在这些学术合作中，时常在论题、论点、资料以及资料的运用处理、具体的撰写体式，乃至于文字表达方面得到先生或当面，或用书信、电话给予的指导，使我不仅增强了从事这些高难度研究的信心，得以有力地提高自己的学术水平，顺利地完成撰写任务，而且从中获得的教益更是弥足珍贵。我再以合作撰著《唐五代文学编年史》为例，简述傅先生对我的学术指引。

1988年夏秋间，傅先生邀约我和陶敏、贾晋华等人撰写《唐五代文学编年史》。此书的整个撰写计划、体例等，均是在傅先生制定、主持，并不断征求我们的意见，商量改进下进行的。对于这部书的总体要求，傅先生也是明确的，正如他后来信中所说："我希望这部书既有材料，又有观点，是一部活的文学历史，在文学史的编写及古典文学研究中有些独创性。"这年的9月下旬，我先按照先生的意见草拟了一份撰写体例草案，利用赴太原参加唐代文学学会年会的机会，带到会上交给傅先生，并交换了意见。此后，傅先生即在草案基础上加以修改成文，并于当年10月中寄给我和几位参撰者。其中说："寄上唐五代文学编年史撰写体例一份（8张）。这是我根据在庆在太原时给我的一份'体例纲要'（今寄还），以及我与在庆在太原时的交谈，于近日内写出的。请你们阅改，有意见请即写在上面，有补充的可接写于后面。请你们阅改后寄回给我，我再作修改，就去打印，然后将打印件寄上两份。……我的意见是，整个工作分成两大阶段，第一阶段是做长编，第二阶段是根据长编写成完稿。关键在于把长编做好。我在70年代搞初盛唐，就先做编年史的长编，后来根据长编的材料写出《唐代诗人丛考》，整个书只花了六七个月时间。所谓长编，就是先做材料的搜集及初步的考证。晚唐我在美国时已做了几家（吴融、韩偓、韦庄、贯休），由于美国材料有限，还是极初步的，有待补充。可惜我从太原回北京，又发烧，没有把这部分材料交在庆带来，也来不及细述，此点我十分遗憾。我准备过几日将它们寄给你们，使你们可以具体地对长编的做法有一个印象，同时我也希望你们也按同样的规格做。根据我的经验，做长编时，先一个一个作家做，也就是做一个作家的年谱，对其中的问题进行初步的考证。特别注意作家之间的关系。积累多了，按年编排，从中就会发现原来想不到的问题。做长编时不要怕抄书，我就是大量做抄书工作，这一是可补记忆的遗漏，二是免得第二次再翻看原书。"在这次信中，傅先生不仅定下详细的体例，而且将自己长年积累的写作经验传授给我们，并在此后不久寄来了信中所说的他撰写的吴融、韩偓等作家的长编资料，使我们的研究与撰写一开始就有个较为明确的目的与方法。比如遵照傅先生先做长编的办法，我就先花了好多年时间，收集阅读研究 400 多名中晚唐作家的作品以及相关资料，写就这 400 多人的简要年谱，然后再综合编撰成书稿。就是这样在傅先生的指导下，我们用了十年时间撰写并出版此著，并于 1999 年荣获第四届国家图书奖。

获奖后，傅先生即有撰著唐宋文编年史的想法，并分别向台湾大学中文系主任何寄澎教授和我提起，且命我负责编撰《唐五代文编年史》。设想，如果没有参与起草《唐五代文学编年史》之编撰体例，并撰写此书的《晚唐文学编年史》卷，恐怕就没有后来遵傅先生之嘱，由我主编的《唐五代文编年史》奉送给学术界了。因此，此书之成应首先归功于既是杰出学者，又因长期主持策划中华书局的出版事务，因之而秉赋高远宏大之学术眼光与格局的傅先生。

最近我拜读了徐俊先生所著《翠微却顾集——中华书局与现代学术文化》，获知百年来为中华书局作出杰出贡献的更多书局内外诸前贤事迹。他们和傅先生一样，值得我们赞佩与缅怀。傅先生已经离开我们六年了，值此中华书局 110 周年庆之际，我更加缅怀为中华书局出版众多一流典籍著作，而作出杰出贡献的傅先生和所有先贤们。在此，谨以我当年《哭悼傅璇琮恩师》一诗，附于此文之末，以表达我对以傅先生为代表的中华书局杰出先辈们的敬仰与缅怀之情：

巨星陨落九天寒，动地悲声摧胆肝。

道德楷模悬穗帐，文章轨范耸云端。

已滋教泽兰千亩，还播慈恩事百般。

彦圣登遐无觅处，望空祭拜泪澜澜。

（作者系厦门大学教授）

地图上的中华书局

李孝聪

1911 年，辛亥革命不仅推翻了清王朝，也催生了适应民主共和思想的民间印刷业。在商务印书馆任出版部主任的陆费逵与戴克敦、陈寅等，约请编辑人员私下编写新教科书。1912 年 1 月 1 日，由陆费逵等筹资在上海创办了中华书局，自办印刷，以编印新式中小学教科书为主要业务，首先出版新编的《中华教科书》，迅速发展成为国内民间第二大出版机构。

中华书局初创时，仅在上海英租界福州路（即四马路）东首租 3 间店面，印刷所则设在福州路北的惠福里。

1910 年实测的上海城厢租界图上仅在福州路、河南路十字路口西南，即棋盘街西标记"商务印书馆发行所"，惠福里位于福州路的北侧，当时还没有中华书局。

1913 年，设中华书局编辑所，陆费逵任局长（后称

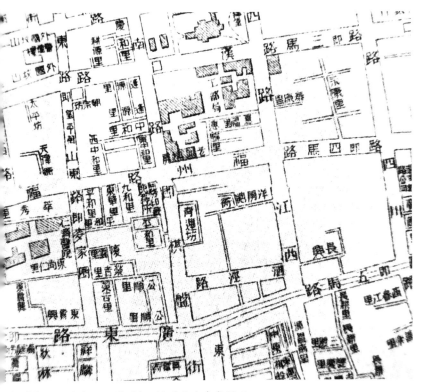

年《实测上海城厢租界图》，福州路北有惠福里。

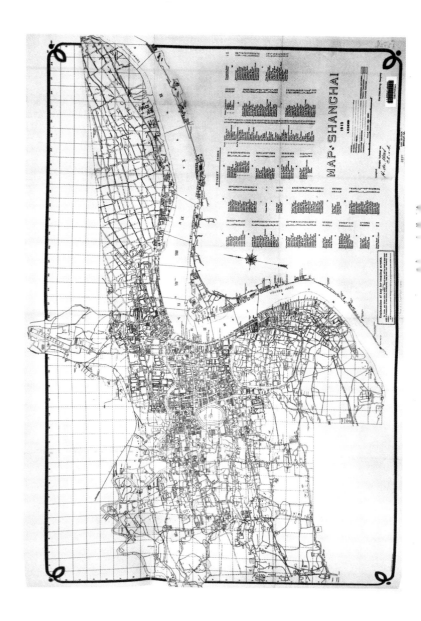

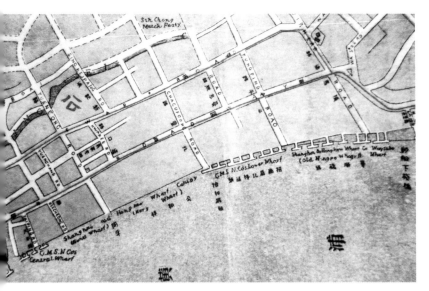

—1914 年（日）《最新上海地图》，标记"Broadway（百老汇大街）"。

经理）。随后，总公司迁至黄浦江北岸的美租界东百老汇路（今东大名路）AB29 号，并租用其旁之民房，设编辑、事务、营业、印刷四所。其后，编辑所又移至东百老汇路 88 号。

1915 年，上海中华书局改为股份有限公司，自办印刷所，并增设发行所，中华书局总店发行所设在英租界南京东路南侧礼拜堂对面的抛球场（今河南路、南京东路交叉路口）。

翌年上海中华书局资本增至 160 万元，职工达 1000 余人，继商务印书馆之后成为国内第二家集编辑、印刷、发行为一体的出版企业。两家出版社的发行所均选址于靠

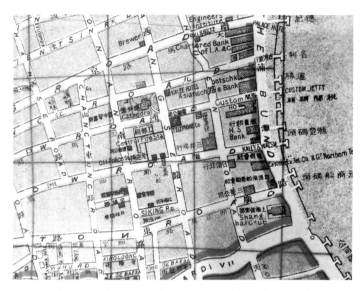

1916年《最新实测上海地图》，图上的中华书局（发行所）位于河南路礼拜堂对面，商务印书馆位于福州路南侧。

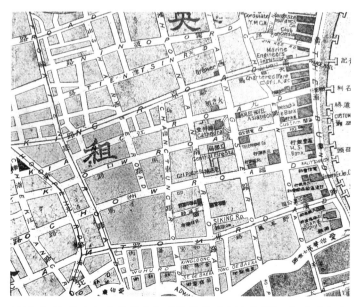

1918年10月日本堂书店发行《最新实测上海地图》，河南路仅标商务印书馆。

上 海 中 華 書 局 有 限 公 司 總 店

在 福 州 河 南 路 轉 角 ● ● 自 建 五 層 樓 新 式 洋 房

上海中华书局有限公司总店新址照片

近上海售书业集中的福州路，虽然都在河南路上，但是不在一处，时人有所谓"分庭抗礼"之说。

从 1916 年前刊印的上海城市地图上可以发现福州路与河南路交叉的十字路口西南隅尚有一块空地未被利用，中华书局购置此地新建 5 层楼的大厦，有店面 10 间。1916 年，上海中华书局总发行所自南京路西南转角旧址南迁至棋盘街（今福州路、河南路十字路口西南）新建的5 层楼大厦办公，始与商务印书馆相邻。

同年，上海中华书局在静安寺路（今南京西路）192号哈同路（今铜仁路）路口建成印刷总厂，除印刷所外，

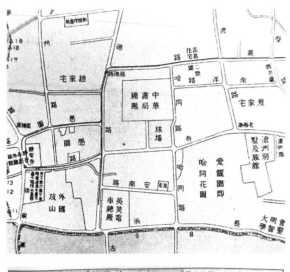

1918年10月商务印书馆出版《实测上海公共租界西区暨闸北分图》，公共租界西区哈同路已经标记"中华书局总厂"。

总办事处和编辑所也设此。总厂占地面积 40 余亩，居当时上海各印刷厂之首。

可是，中华、商务两家出版社在上海棋盘街上比翼齐飞的历史场景，持续数年并未表现在上海城市地图上。例如 1918 年 10 月，商务印书馆出版《实测上海市租界分图》，并没有在《英租界分图（公共租界中区）》标记中华书局，只是在《实测上海公共租界西区暨闸北分图》的哈同路西侧标记了"中华书局总厂"。

1922 年上海商务印书馆印制《订正袖珍上海新地图》，附"上海英法租界分图"在福州路棋盘街口依然仅标记了"商务印书馆发行所"，而没有中华书局。

而上海中华书局自己编绘的上海城市地图，迟至 1925 年 2 月才在刊印的第三版《最近上海全埠地图》内在福州路、河南路口的棋盘街同时标出了中华书局、商务印书馆，同时在静安寺哈同路西侧标记了"中华书局总厂"。

1925 年 12 月，上海中华书局新刊出《最新上海全埠地图》（初版），在英租界即公共租界中区标记"中华书局"发行所与"商务印书馆"并列，同时在公共租界西区哈同路标记"中华书局总厂"，在地图上的标记更加清晰明确。

一般人们都晓得伴随着中华书局的诞生，中华书局刊印出版了一批带有爱国内容的新式教科书，令世人耳目一新，且立即风行全国，不仅迅速赢得了民国初年教科书

1922年上海商务印书馆印制《订正袖珍上海新地图》上海英法租界分图，福州路路口即棋盘街仅有商务印书馆发行所。

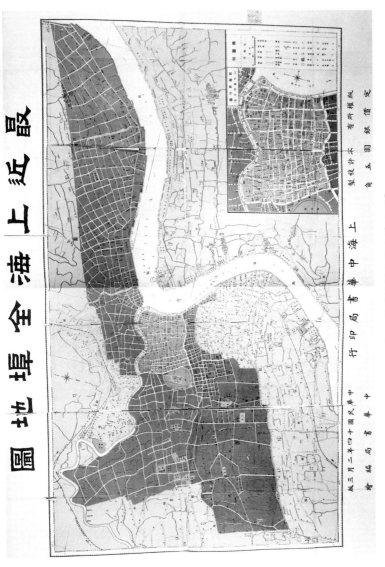

最近上海全埠地圖

版權所有　不許翻印

定價國幣五角

製

上海中華書局印行

中華書局編輯

中華民國十四年二月三版

1925 年 2 月《最新上海全埠地圖》

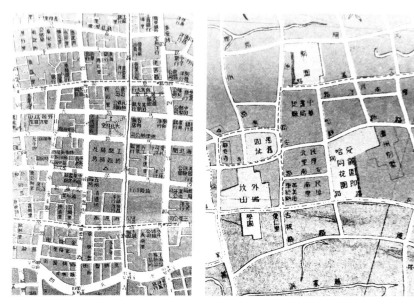

1925年2月上海中华书局《最新上海全埠地图》第三版。福州路、河南路口的格并列标出"中华书局""商务书馆",在静安寺哈同路西侧标记"中华书局总厂"。

的市场,而且中华书局从此奠定了在近代中国出版界的地位,中华书局版教科书为中国教育现代化作出了不可磨灭的贡献。少为人知的是,民国初年,中华书局还发行印制了两部新版地图集,一部是《最新中华民国分省地图》;另一部是《世界改造分国地图》订正三版地图集全一册,收图32幅。两部图集均由丁詧盦编著。1921年,这两部地图集都是在上海静安寺路192号的印刷所印制的。

1921年2月,中华书局出版发行由丁詧盦编著的《最新中华民国分省地图》图集。此图集表明东沙群岛、西沙群岛属于中国。

最新上海全埠地图

1925 年 12 月《最新上海全埠地图》

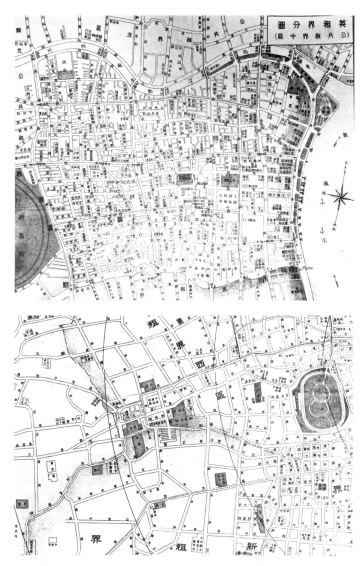

1925年12月上海中华书局《最新上海全埠地图》初版，同时标记位于福州路河南路口（棋盘街）的中华书局和哈同路的中华书局总厂。

版权页明确记载：该图册由丁詧盦编著，经陆费逵、戴克敦审阅，印刷地点为上海静安寺路192号印刷所，即哈同路西侧的中华书局总厂；总发行所位于上海棋盘街，即福州路与河南路交叉的十字路口西南隅。当时陆费逵为中华书局经理、戴克敦任编辑所所长，故由此二人审阅核准发行。

在第一图"中国全图"内，南海标绘了"东沙岛"，并在右下角专门附有"西沙群岛"图，绘出西沙群岛诸多岛礁，标记"特里屯岛"（今中建岛），图上同时绘出雷州半岛南端和海南岛，以表示西沙群岛在我国的方位。

1921年2月中华书局印制《最新中华民国分省地图》的封面和版权页。

在第十六图"广东省图"中，显示东沙群岛，标英文名称"Parata I."，并用红字注记"东沙群岛西名布拉多斯岛"；另附专门的"西沙群岛"图，用中文标出名称"西沙群岛（旧名七洲洋）"，同时注记西文名称"Paracel Is."，并红字注记"西名巴拉塞尔诸岛"；图上描绘21处岛礁、礁盘的形状，分别标出名称："菲勒生特群岛"（今宣德群岛）、"福杜罗岛"（今甘泉岛）、"钱财岛"（今金银岛）、"坛坚岛"（今琛航岛）、"达可伦岛"（今东岛）、"觅出礁"（今华光礁）、"特里屯岛"（今中建岛）。以上地图设计表明东沙群岛、西沙群岛皆属于中国领有的岛群。当时南沙群岛（今中沙群岛）和团沙群岛（今南沙群岛）尚未由民国海军海道测量局完成实地测量，也尚未确定南海136个岛、礁、滩、沙的位置和名称，所以，民间出版机构刊印的地图还未明确表现南海的中沙群岛、南沙群岛。一直要到海军海道测量局完成南海实地测量并确定南海岛、礁、滩、沙的位置和名称，1935年4月，中国水陆地图审查委员会将南海诸岛分成四部分，刊登在《中国南海各岛屿华英地名对照一览表》中，由中国水陆地图审查委员会公开出版地图，才为民间各出版单位编制表现南海诸岛的新地图提供了依据。

1921年11月，中华书局发行由丁詧盦编著的《世界改造分国地图》订正三版地图集全一册，收图32幅。第一版于1920年2月印刷，3月发行。

该图集由《世界改造大地图》和分国地图组成。1920年1月，曾经印制发行过第一版《世界改造大地图》，由徐焴编绘、丁詧盦校对，根据第一次世界大战结束后在法国签订的《凡尔赛和约》所认定的世界形势，即按新兴国家、割让地区、国联托管地、协约国联军暂时占领地、民族自决地和争执未决地等政治地理空间格局编绘，同时附奥匈及巴尔干旧疆域图、新形势图、德比疆界图、萨尔流域图、德波新疆域图、阿拉伯半岛图，以地图的形式说明《凡尔赛和约》的主要内容。这次是经过订正后的第三版，由丁詧盦编著，包括世界各大洲图、中国分省地图、世界

1921年11月中华书局印制《世界改造分国地图》之封面和版权页。

改造分国图，以及汉英、英汉地名检索表，颇便于读者阅览。民国初期，中华书局从适用于中等教育的出发点出版的这两种地图集，对提升当时中国国民的地理知识和对国家疆域领土的认知起到了良好的促进作用。

这一时期，中华书局还印制过其他专题地图。例如：1925 年 4 月，由葛绥成、徐楬编绘，中华书局出版了比例尺 1∶15000 的《杭州西湖全图》；1929 年 6 月，中华书局又印制了彩色版《杭州西湖全图》及附孤山附近图。两版杭州西湖图的地形均采用等高线表示，在当时属于比晕滃法更科学的制图技术了。

1935 年，中华书局在上海澳门路 469 号建成印刷总厂新厂，总办事处和编辑所也设于此。购置先进印刷设备，既印本版图书，也承印地图、邮票、香烟盒子以及政府的有价证券、钞票、公债券等，印刷业务更加发展。截至 1937 年底，各出版商印制的上海城市地图，在公共租界中区棋盘街从并列标注"中华书局""商务印书馆"逐渐改变为仅仅标注"商务印书馆"一家，而在公共租界西区哈同路标注"中华书局总厂"，尚未区别哈同路老厂和澳门路新厂，说明编制地图赶不上现实局面的变化。

1937 年 7 月 7 日，全国性的抗日战争爆发，11 月上海沦陷。陆费逵赴香港，在九龙成立中华书局驻港办事处，掌握全域重要事务；上海方面由常务董事舒新城等主持日常事务，静安寺老厂印钞部转移至香港分厂，设在公共租界澳门路的印刷总厂由美籍商人 A.F. 沃特生任经理，以"美商永宁公司"的名义维持营业。1941 年 7 月 9 日，陆费逵在香港九龙病逝，李叔明继任总经理，上海方面由吴叔同任经理。随着太平洋战争爆发，日军进占上海租界后，永宁公司被封。香港亦被日寇占领，中华书局的领导核心相继内迁，1942 年 2 月在重庆设立总管理处。此间，仍然以印制教科书、编辑出版各种图书杂志为主要业务。

1933 年上海东方舆地学社《实测上海明细大地图》，福州路河南路口（棋盘街）"中华书局"与"商务印书馆"并存。

1934年武昌亚新地学社印制《新上海市实测详图》，棋盘街仅标记"商务印书馆发行所"而没有中华书局。

从 1937 年至 1945 年，中外各国出版商印制的上海市区地图上均不见标注"中华书局总厂"的字样了。

　　1945 年 9 月，抗战胜利后，中华书局总管理处迁回上海，恢复了印制教科书、图书杂志和地图的出版业务。1946 年 11 月，中华书局发行许仁生编绘、葛绥成校订的《最新上海地图》初版，在这幅上海城市地图内同时标记位于南京西路铜仁路的"中华书局老厂"和澳门路的"中华书局新厂"，这可能是新中国成立前中华书局在上海地图上留下的最后印记。

最新上海地圖

1946 年 11 月《最新上海地圖》

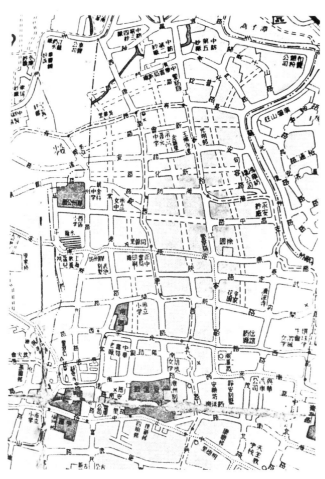

1946年11月中华书局印制《最新上海地图》初版，同时标记老厂与新厂。

1994年北京市区地图标记灯市口王府井大街中华书局位置

2013年北京市地图标记太平桥西路中华书局位置

1949 年 10 月 1 日，中华人民共和国成立。1954 年 5 月，中华书局实行公私合营，总公司迁至北京，在北京东总布胡同 10 号办公（从 1957 年春至 1961 年秋）。同时在上海留有中华书局办事处，1958 年改组为中华书局上海编辑所，澳门路的"中华书局新厂"改成中华印刷厂，今为"中华 1912 创意产业园"，厂房变成中华菁英公寓式酒店。同年，国务院古籍整理出版规划小组成立，中华书局被指定为该小组的办事机构，成为整理出版中国古代和近代文学、历史、哲学、语言文字图书及相关学术著作、通俗读物的专业出版社，六十多年来承担了国家级古籍整理的众多基本项目。

20 世纪 80 年代，中华书局办公机构位于北京王府井大街 36 号的一座灰色带装饰的大楼内，与位于北京东四南大街路西的国家新闻出版署相距不远。说来也巧，中华书局又一度与商务印书馆同在一座楼里了。

1998 年 7 月 8 日，成立中华书局有限公司，总部位于北京市丰台区太平桥西里 38 号。2012 年中华书局迎来百年华诞，举行了一系列庆祝活动。

2022 年适逢中华书局创建百十周年华诞，特撰短文用地图记录中华书局的足迹经纬。

（作者系北京大学教授）

六年的学术洗礼

——回忆我在中华书局的日子

赵伯陶

1982年秋，我到位于王府井大街36号的中华书局古典文学编辑室报到，开始了我后半生三十余年的编辑生涯。1988年秒，已调离中华书局总编室至文化艺术出版社任社长兼总编辑的黄克先生（1937—2018）邀我去该社主持一个编辑室的工作，因此结束了我在中华书局六年的工作。回首往事，感慨良多，在中华书局时间并不算长，却为我以后从事文史研究打下了坚实的基础，堪称是一次学术的洗礼。

一、学人与编辑

20世纪80年代中，我在中华书局工作期间，全国出版业基本处于计划经济阶段，中华书局、人民文学出版社以及上海古籍出版社等较有古籍出版优势的大社，力

点校"二十四史"及《清史稿》工作照片

争编辑学者化的努力方兴未艾，对书稿精雕细琢、精益求精，几乎是大多数编辑的共同追求。20世纪70年代初"二十四史"暨《清史稿》的点校整理是继60年代中断后重新启动的，曾汇聚起全国一大批专家，中华书局借调白寿彝、刘大年、张政烺、翁独健、唐长孺、陈仲安、王仲荦、孙毓棠、王钟翰、阴法鲁、陈述、王毓铨、周振甫、启功等著名学者来出版社参与这项有历史意义的工作。1978年春，"二十四史"暨《清史稿》点校本全部出齐，传下学人与编辑通力合作的一段佳话。

周振甫先生（1911—2000）在参与"二十四史"整理过程中，人事关系也于1975年从中国青年出版社正式调入中华书局。1983年2月4日正值农历癸亥年立春，首都出版界热烈祝贺周振甫从事编辑工作五十年的集会在当时的文化部出版局会议室隆重举行，与会者超过百人，学界与出版界的著名人士如钱锺书、王子野、叶至善、启功、杨伯峻、刘叶秋先生等皆前来祝贺，为人作嫁的编辑能够获此殊荣，极大震撼了刚到中华书局半年的我，编辑的学者化从此成为我不断努力的方向。

编辑与作者之间的学术关系，在周振甫与钱锺书两位先生的交往中最为感人。1947年钱锺书先生的《谈艺录》手稿经由叶圣陶先生交开明书店出版，周振甫先生当时担任此书的校对工作，认为该书没有目录不便查阅，特为之编目，因而受到钱先生的赞赏："周君并为标立目次，以便翻阅。底下短书，重累良友，浪抛心力，尤所感愧。"（《谈艺录》首版序后附言）1977年，钱锺书先生特将其《管锥编》书稿交予中华书局出版，并期望周先生担任此书的责任编辑。翌年初，周先生向编辑室提交《审读报告》，同时附有长达38页的修改意见。1979年8月《管锥编》出版，受到学界的一致好评，钱先生在序中有云："命笔之时，数请益于周君振甫，小叩辄发大鸣，实归不负虚往，良朋嘉惠，并志简端。"三年以后，在周振甫从事编辑工作五十年的庆贺会上，钱先生又深情地谈到《谈艺录》《管锥编》二书在定稿过程中，周先生所给予的无私襄助。编辑与学者这一长达三十余年的深情厚

意见

第 1 页

页I 序 "请益""大鸣""实归"是否有些费解，可否删改。

页III 目次拟编细目，请考虑。十种书是按四部排列，故《史记》列于《老子》前，《列子》为魏晋间作，应在《易林》后，或另有用意；《太平广记》列《全上古文》前，是否以小说当列于散文前？

页2 《论语·子罕》不作《论语·子罕》，书中皆如此标法，似可照排。

页5(1) 以为"是"兼然此二义，"彼"兼他非二义，所引例有的似不如此。"以是（然，不作此）其所非，而非其所是（然，不作此）。""彼（他，不作非）亦一是（然）非，此亦一是（然）非。"与"非"相对之"是"作然不作此，与此相对之"彼"作他不作非。兼有二义者"物无非彼（他、非），物无非是（此、然）。""彼（他、非）出于是（此、然），是亦因彼。""彼""是"相对，两字各兼二义。

页7 例中《声词》下云："……"，：下用"，"，：下用句号，下用"，"上不用：。此外书中有几处如此标法，似可照排。

楊雄，从木作楊，是有意如此写，请照排。

页19(1) 借天宝以诫肃宗，肃宗亦何尝自借天宝以警示大臣，上下不相衔。

44—46， 几：孔疏："几者离无入有，是有初之微。"入有

中华书局
商务印书馆 稿纸

(15行×20字=300字)

能评及注"疏"之矛盾，精密极矣！非谓之"大鸣"不可。已增入并借大名增重，不敢掠美也。乞鉴定之。且增中论一段，或可移阅

周振甫关于《管锥编》的审读意见及钱锺书批注

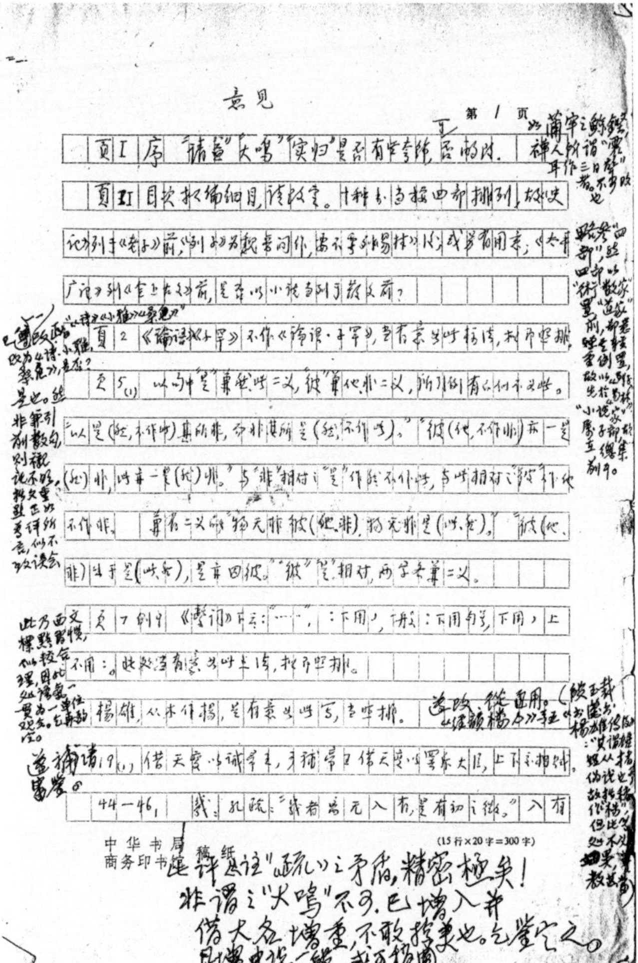

谊，正是建立于相互尊重并以学术为天下之公器的基础之上的。

1983 年中，编辑室分配我审读一部有关清代桐城派文集的点校整理书稿，并请周先生复审，这令我有了向周先生请益的机会。周先生在我审稿意见上密密麻麻的批注，给予我深刻的启发，虽然至今许多内容早已忘记，但其中有一句话令我印象异常深刻，即"再查一下"。四字无多，却言简意赅地道出做编辑所应当必备的基本功：即要时时以各种工具书或相关著述为师，丝毫不能偷懒懈怠，否则就易生讹误。"学问"一途之"问"，不仅意味着觌面向师长或友朋求教请益，在很大程度上更趋向于直接向书本问津求道。学无止境，这四个字的确令我终生受用。

1986 年，国家出版局局长边春光（1925—1989）为上海辞书出版社主编《出版词典》，中华书局有多名编辑参与其事，周先生名列十九名编委之中，我则在一百余名的"主要撰稿人"之列，如此就有了与周先生更多接触的机会。1987 年夏，我陪同周先生到哈尔滨太阳岛出席《出版词典》编辑会议，旅途中所乘坐的"安 24"小型飞机一遇紊乱气流就上下颠簸，空调运行也不稳定，而且中途要在沈阳起落一次，一路辛苦难以备述。周先生却镇静自若，一改素常沉默寡言、不苟言笑的严肃态度，时常谈笑风生，议论纵横。尽管周先生的浙江平湖方言一说快了，我就似懂非懂，难得要领，但先生的睿智与幽默仍能于其语气与表情中不时洋溢而出，当时先生的音容笑貌，至今记忆犹新。在六个多小时的航程中，我特意谈及周先生于60年代初所著《诗词例话》一书对我的教益，并表示由衷的感激之情，不料周先生却立即收敛笑容，郑重其事地对我说："书写得不好，你要是发现错误，请多提意见。"这反而令我有些无地自容了。谦逊与虚心，永远是一位真正学者的本色。

周先生一生著述等身，他后来赠送我的《文章例话》《小说例话》以及《诗经译注》《周易译注》《文心雕龙注释》《文心雕龙今译》《谈艺录导读》等著作，我都仔细拜读过，受益匪浅。然而若论对我影响的刻骨铭心，则非早先反复阅读过的《诗词例话》一书莫属。毫不夸张地讲，正是这部著作令我日后走向了文史治学的道路。

学人而兼编辑并做出不俗业绩者，在中华书局指不胜屈。历史编辑室杨伯峻先生（1909—1992）是1960年调入中华书局的，作为著名语言学家与古籍整理专家，杨先生著述宏富，《中国文法语文通解》《文言语法》《古汉语虚词》等为语言学专著，

杨伯峻

《列子集释》《论语译注》《孟子译注》《春秋左传注》等古籍校注成果，更为治文史的学人所熟悉。哲学编辑室马非百先生（1896—1984）是1957年调入中华书局的，他一生致力于先秦史与中国经济思想史研究，著有《秦集史》《秦史纲要》《管子轻重篇新诠》《秦汉经济史资料》《桑弘羊年谱》等。历史编辑室王文锦先生（1927—2002）是"三礼"专家，著有《礼记译解》，点校《周礼正义》《大戴礼记解诂》《礼书通故》等。我曾向王先生请教过古代宗法社会有关"五服"关系的诸多问题，一经诠解即豁然开朗，犹如醍醐灌顶。

学人与编辑界限的模糊，是20世纪90年代以前中华书局等大型古籍出版社的一大特点。如文献学家、词学

陈乃乾

徐调孚

家孙人和（1894—1966）于 1958 年来中华书局古代史组从事编辑工作，文字学家马宗霍（1897—1976）于 1962 年调来中华书局任编辑，天文历算学家曾次亮（1896—1967）、文献学家童第德（1894—1969）、版本目录学家陈乃乾（1896—1971）、文学史家徐调孚（1901—1981）等学者皆曾任职中华书局编辑，为共和国的出版事业作出了不小的贡献。史学家张政烺（1912—2005）曾于 1962 年被文化部任命为中华书局副总编辑。20 世纪 80 年代以后驰名学界的中华书局总编辑傅璇琮（1933—2016）、副总编辑程毅中，对于 80 年代进入中华书局的新编辑而言，他们编辑学者化的榜样作用更为显著。傅先生的《唐代诗人丛考》《唐代科举与文学》、程先生的《唐代小说史》《宋元小说研究》等皆可称传世之作。

中国社会科学院文学研究所研究员沈玉成（1932—1995）、北京大学中文系教授褚斌杰（1933—2006）皆曾任职中华书局编辑。作为著名学者，沈先生的《左传译文》《南北朝文学史》、褚先生的《中国古代文体概论》《楚辞要论》，都是功力深厚之著述。文史大家、北京大学教授吴小如（1922—2014）于 20 世纪 80 年代初也曾供职于中华书局《文史》杂志数月。在中华书局，学人与编辑水乳交融般的"难解难分"，堪称当时出版界的一时之盛。

二、典籍与版本

在中华书局当编辑，无论哲学、历史、文学，熟悉有关典籍及其目录、版本，属于不可或缺的基本功。20世纪80年代中，中国社会科学院文学研究所成立《古本小说丛刊》编委会，拟选版本价值较高的善本、珍本乃至孤本白话小说百种，分辑出版，每辑选小说五种，交由中华书局影印出版。我参与了第一辑《唐三藏西游释厄传》《生花梦》《才美巧相逢宛如约》《斩鬼传》以及舒元炜序本《红楼梦》五种的影印工作，在努力将珍本白话小说原貌呈现于广大读者的同时，也培养了自己有关典籍与版本方面的意识。

以《红楼梦》为例，舒元炜序本属于十二种脂砚斋评本之一，或称之为"脂评本"；是抄本卷首有序，后署

古本小说丛刊

"乾隆五十四年岁次屠维作噩且月上浣虎林董氏舒元炜序并书于金台客舍",乾隆五十四年即公元 1789 年,为农历己酉岁,故又称"己酉本"。这部抄本原藏玉栋处,玉栋字筠圃,满洲正白旗人。黄叶《舒元炜序本〈红楼梦〉小札》(载《红楼梦研究集刊》第五辑)有云:"舒元炜,字董园,浙江杭州府仁和县人。乾隆四十二年丁酉科举人。此后,屡上公车,均未获售。直至乾隆五十四年己酉科进京应春闱,结果,和他弟弟元炳仍均名落孙山。曾寄寓玉栋之家,看读易楼藏书。玉栋出示这部抄本《红楼梦》,舒元炜作了校勘,并写下骈文序。元炳则题词一阕。"这一番考索,可惜未注明出处。另据黄叶考证,舒序本《红楼梦》当为乾隆三十五年(1770)以前所抄。舒序本以后辗转为著名学者吴晓铃所收藏,残存一至四十回,虽无脂砚斋批语,却仍属脂本系统,保存了曹雪芹初稿的某些痕迹,较为珍贵。在影印舒序本的过程中,又以"金镶玉"的形式重新装裱了这一抄本,起到妥善保护善本的作用;而将其原貌公诸世,对于红学研究无疑是一个有力的推动。

在责编《古本小说丛刊》第一辑的过程中,我从中学到了不少关于典籍版本的知识,同时分别在《古籍整理出版情况简报》(总第 185 期)、《瞭望》(海外版,1988 年第 18 期)、《书品》(1987 年第 4 期)撰文介绍,扩大了这部《古本小说丛刊》的影响。

李一氓

1983 年中，国务院古籍整理出版规划小组组长李一氓（1903—1990）在收到寓居香港的著名学者饶宗颐先生（1917—2018）所编《全明词》初稿后，审阅其凡例、目录以及部分内容，考虑到香港地区受客观条件的限制，难以求"全"责备，于是决定由张璋先生组成编纂组承担《全明词》的补辑修订工作，并为此约见张璋与中华书局领导赵守俨（1926—1994）、傅璇琮以及文学编辑室负责人许逸民等商谈相关事宜，我有幸参与其中，获得了一次关于明代词家与诸多明词总集与别集相关目录与版本的不可多得的宝贵学习机会。《全明词》的编纂是继唐圭璋所编《全宋词》《全金元词》，张璋、黄畬合编《全唐五代词》后的又一部断代词总集，与其前后至今仍在陆续出版的五卷本《全清词》属于有系统的大型文献工程，影响深远。《全明词》2004 年由中华书局出版，全六册，出版名义为饶宗颐初纂，张璋总纂，责任编辑是曾为我同事的孙通海学长。以后，国内对于《全明词》的补辑工作始终处于"进行时"状态，其中，2007 年浙江大学出版社出版的周明初、叶晔编纂的《全明词补编》最引人瞩目。一部新编总集需要不断完善，也可反证《全明词》二十余年编纂工作的繁难。

1984年秒，《中国文学家大辞典》编纂工作会议在厦门召开，我有幸随文学编辑室参与其事。与会者有中国社会科学院文学研究所曹道衡、沈玉成两位先生以及厦门大学周祖谟教授、苏州大学钱仲联教授等，有系统地聆听上述著名学者对有关人物辞典编纂的宏论，机会诚属难得，对我此后从事编辑工作大有裨益。《唐五代卷》周祖谟主编，1992年出版；《先秦汉魏晋南北朝卷》曹道衡、沈玉成编撰，1996年出版；《清代卷》钱仲联主编，1996年出版；《近代卷》梁淑安主编，1997年出版；《宋代卷》曾枣庄主编，2004年出版；《辽金元卷》邓绍基、杨镰主编，2006年出版；《明代卷》李时人编著，2018年出版。七部中有一部为两人合作编撰，一部为个人独立完成，其余五部则属于集体项目。七卷本《中国文学家大辞典》涵盖中国历代文学家，时至今日，已成为古典文学研究者案头必备的工具书。

孔凡礼先生（1923—2010）原系北京三中退休语文教师，大半辈子无任何学术头衔，但于整理宋代文学典籍却在海内外卓有声望。孔凡礼编《全宋词补辑》，1981年由中华书局出版，虽仅为100多页的小册子，却影响巨大，是继王仲闻（1902—1969）系统订补唐圭璋所编《全宋词》书稿后的又一学人。王仲闻系王国维次子，曾供职邮局，又一度因丁酉之厄而失业，后在中华书局担任临时编辑（这与中华书局金灿然、徐调孚等领导慧眼识英才分不开）。王先生自幼博闻强记，熟悉有宋一代典籍如数家珍，玩笑中敢以"宋朝人"自称。对于《全宋词》，孔先生能于王仲闻之后踵事增华，可见其文献功底非同凡响。孔先生对陆游、范成大的相关典籍整理而外，《范成大年谱》《宋诗纪事续补》《苏轼年谱》等八九部属于专著性质的书稿，大都问世于 20 世纪 80 年代后，他校点整理的《苏轼诗集》《苏轼文集》等较大部头的宋人别集，也大多在 20 世纪 80 年代中出版于中华书局，影响深远。孔先生与中华书局结缘，开始于 1959 年末，他与齐治平先生合编的《古典文学研究资料汇编·陆游卷》即由中华书局为二人牵线搭桥，并在此后三年问世。从此，孔先生对宋代文学典籍整理与研究的热情就一发而不可收拾，并不断取得骄人的成果。

在辑佚苏轼诗的过程中，孔先生在北京图书馆（今国家图书馆）善本部所藏明抄本《诗渊》中意外发现了 400 余首《全宋词》失收的词作，经过一番艰苦细致的考斠，前揭《全宋词补辑》即因而问世，一度轰动了词学界。在这部明抄本《诗渊》中，孔先生还陆续辑出多种宋人的佚作。汪元量工诗能词，传世有《湖山类稿》与《水云集》。他曾亲历德祐之变，随宋三宫屈辱北迁，与爱国志士文天祥也有交集。历史变革的风雨、中原板荡的惨痛，一一奔竞于汪元量笔底，其作品在痛悼国破家亡的悲凉中，更跳动着时代的脉搏，抑郁哀婉，备极伤感。他的同时代人马廷鸾、李珏等曾称赏其诗歌创作为"诗史"，洵非溢美。孔先生从《诗渊》与传本《永乐大典》中辑出失收于《湖山类稿》与《水云集》的汪元量诗词达 120 余首，写有《关于汪元量的家世生平和著述》一文，刊于《文学遗产》1982 年第 2 期；又写有《汪元量佚诗抄存》一文，刊于《文史》第十五辑。李一氓读到文章后，高兴之余，特意会见了孔先生，并委托他整理汪元量的集子，随即又送来"增订湖山类稿"的题签。

汪元量的诗词历经元、明、清三代，散佚颇多，传世的《湖山类稿》五卷与《水云集》一卷，皆属选本，并非全帙，而且间有重复，诸多版本更互有参差。孔先生所选底本为无是楼藏清人汪森辑抄本《湖山类稿》与《湖山外稿》，抄写甚精，后者与鲍廷博知不足斋刊本《水云集》略同，但删去了与《类稿》互见的 69 首诗。这个抄本原藏于李一氓处，李一氓特意提供给孔先生作整理汪元量集的底本，可见对这一工作的高度重视。《增订湖山类稿》于 1985 年由中华书局出版，李一氓在 1986 年 7 月 25 日《人民日报》撰文《古籍整理的几个问题》，曾盛赞是书说："迄今为止，可算是汪元量诗词集的最丰富、最有科学性的一个整理本，成为研究宋元史和宋元文学史的要籍。"

我作为《增订湖山类稿》一书的责任编辑，在不断向孔先生请益讨教的过程中，于典籍版本的鉴别与使用方面也受益良多；因校勘的需要，对于《诗渊》抄本也有了感性的认知。汪元量的《竹枝歌》十首其十中有"铜仙有泪如铅水，不似湘妃竹上多"的吟咏，抒发南宋亡国之痛。"如铅水"，典出唐李贺《金铜仙人辞汉歌》："空将汉月出宫门，忆君清泪如铅水。"《诗渊》的明代抄手误书为"铜仙有泪如船水"，"船""铅"，显然是因形致讹。孔先生认同了我的判断。对于抄本诸如此类的"形讹"或"音讹"的误书字，"理校"而外，不能排除目验的必要性。我为此经过一番周折，专门到当时的北京图书馆善本部查阅了这部类书。是书虽皇皇二十五册，却已然属于残本，远非全帙。我可能是最后一个翻阅这部类书纸文本的读者。不久以后，因为孔先生的力荐，当时的书目文献出版社很快影印出版了这部《诗渊》，16 开开本，分装六大册，共4634 面，分精装与平装两种，平装者每册仅售 25 元。此影印本的《前言》即为孔先生所撰，后署"一九八四年十一月"。《前言》有云："《诗渊》的珍贵，首先就在于它保存了从魏晋六朝到明朝初年这一段时间大量散失了的作品，丰富了我国文学特别是宋代文学的宝库。《诗渊》收诗约五万多首，其中十分之二、三不见于过去刊印的和新印的古籍。收词近一千首，其中大部分不见《全宋词》《全金元词》。"上揭汪元量《竹枝歌》即见于影印本第六册第 3992—3993 页。出于对孔先生学术建树的敬佩景仰，我曾写有《孔凡礼：没有头衔的学者》一文，发表于《阴山学刊》1994 年第 3 期，也是职司编辑的应尽之分。

值得一提的是，当时北京图书馆刘卓英等五位先生特意做出《诗渊索引》，包括《诗渊》作者索引、《诗渊》原题作者索引、《诗渊》索引、姓氏笔画索引四大部分，甚便于读者查考使用，极大提高了这部类书的使用价值，堪称功德无量。《诗渊索引》于 1993 年由书目文献出版社出版，平装或精装 16 开，与《诗渊》影印本的装帧保持一致，平装售价 30 元。20 世纪 90 年代中，平装六册《诗渊》连同一册《索引》，从国图书店花费不足百元的打折价即可"抱得美人归"，而现在同样一套书在孔夫子旧书网已经卖到 600—3000 元不等的辣价钱，令人顿生"此一时彼一时"之叹！

河北师范学院历史系教授王树民先生（1911—2004）编校《戴名世集》，也由我担任责任编辑，在向老一辈学者学习的过程中也受益良多。戴名世以古文负当世重名，对于其后桐城文派的开创也有潜移默化之功。然而其集因禁毁而流传不广，直至清中叶以后文禁趋缓，戴集才渐有刻本问世，如戴均衡编本《潜虚先生文集》十四卷，为道光二十一年（1841）刊本；王哲校刊本《南山全集》十六卷，为光绪十六年（1890）刊本；张仲沅校刊本《南山集》十四卷补遗三卷附年谱，有光绪二十六年（1900）活字印本，收文最多，中华书局图书馆有藏。然而《南山集》的最早刻本《南山集偶钞》，当属康熙四十年（1701）尤云鹗宝翰楼刊本，因严遭禁毁而绝少流布，仅当时的北京图书馆善本部有藏，虽收文不足张仲沅本之半，但吉光片羽弥足珍贵，校勘价值不容忽视。王先生编校《戴名世集》因各版本颇多参差，于是就采取对诸多版本择善而从的原则，将原文用钢笔一丝不苟地抄录于稿纸之上，再行校勘标点。尽管悉心而为，个别处鲁鱼亥实所难免。我作为责编，就要携带书稿分别到北京图书馆、首都图书馆、中国科学院图书馆乃至北京师范大学图书馆提取《南山集》的有关版本加以对校，以尽量减少错讹。无疑，这一工作在为人作嫁的同时，也增强了自己的典籍版本意识，堪称一举两得。为此我写有《〈戴名世集〉简介》一文，王先生认为文字简明扼要，就推荐于《河北师范学院学报》主编，发表于 1987 年第 3 期。

在编发《戴名世集》的过程中，因其内容涉及以后遭受牵连的散文家方苞，从而对清代桐城派也特别关注，研读过有关文献与论文，这为随后编发王献永先生的《桐城文派》书稿奠定了基础，有了驾轻就熟的从容。是书出版于 1992 年 1 月，已是我离开中华书局三年以后了。当编辑若作有心人，就能触类旁通，收事半功倍之效。

三、丹铅与问学

唐韩愈《秋怀诗》其七："不如觑文字，丹铅事点勘。"古人将典籍的校订工作视为丹铅事业，无非因古代文人多用朱砂与铅粉校勘书籍之故。在中华书局当编辑除"丹铅事点勘"而外，也不乏处理论述性书稿的机会，这自然也离不开问学一途。

黄克在文学编辑室主要负责戏曲与词学方面的稿件，他曾接手中国艺术研究院戏曲研究所刘念兹研究员（1927—2010）的《南戏新证》书稿，后因忙于总编室的繁杂业务，经文学编辑室主任许逸民同意，就转手交与我处理。我分配至中华书局，因本科毕业论文曾探讨中唐诗人李益的边塞诗歌，原想致力于唐宋诗文的编辑业务，后因文学室缺乏明清文学方面的编辑人员，就被指定主要审读明清诗文方面的书稿，堪称偶然，然而这却决定了我后半生的学术方向，此是后话。

古代戏曲，除元明杂剧外，南戏一向不被中文系本科教育所重视，令我看南戏方面的书稿，可谓又是偶然中的偶然，针对宋元南戏从头学起就成为我的当务之急。研读徐渭的《南词叙录》，拜阅南京大学教授钱南扬先生（1899—1987）的《戏文概论》，浏览山东大学教授冯沅君先生（1900—1974）、陆侃如先生（1903—1978）合编《南戏拾遗》等，就成为当时"恶补"功课之必需。刘先生研究南戏蹊径独辟，不同于大多数学者仅局限于相关文献的梳理，而是从调查、目验福建、浙江、江西、广东等地的地方戏曲（如莆仙戏、梨园戏）出发，参考相关历史文献反推南戏的本来样貌，重视实地考察的内容，凸显了这部"新证"的特色。诚如小说戏曲研究大家、复旦大学中文系教授赵景深先生（1902—1985）在是书序言中所云："念兹先生这部修订增补后的大著《南戏新证》，正如中华书局编辑部所说，是一部在南戏研究中另辟一新径的著作。这是念兹先生北走河南、山西等地，南走浙江、福建、广东等地，几乎走遍全国，辛勤调查历数十年的丰硕成果。"《南戏新证》于1986年出版，李复波（1947—2020）曾是中国戏曲学院院长、中国艺术研究院研究员俞琳先生（1926—1989）的硕士生，后来分配至中华书局文学编辑室成为我同事，他曾对我说，刘先生因这部《南戏新证》的及时出版而赶上了他有资格被评聘为博士生导师的最后一班车，因而非常感激中华书局。

我所担任责编的另一部述稿是北京师范大学教授聂石樵（1927—2018）、邓魁英夫妇合著的《古代小说戏曲论丛》，中华书局1985年出版。在对这两位蔼然学者的请益过程中，也学到许多书本上难以领悟的学问，从此"编学相济"就成为后半生编辑生涯的座右铭。当然，校点、注释古籍仍是我在中华书局六年最有心得的问学收获。

清中叶诗人张问陶的《船山诗草》，仅有诗而无文，整理难度似乎不大，但要万无一失又谈何容易！文学编辑室安排我在工作时间整理点校，以作为文学专业毕业的编辑初涉古籍整理工作的一次实践，有意弥补我非北京大学古典文献专业毕业生的先天不足。

《船山诗草》的校本无多，底本所用即嘉庆二十年（1815）乙亥刊本。卷二《琉球刀歌为周补之作》七古有句云："枉将切玉炫西湖，不用揽环夸大食。"诗中"西湖"何谓？笔者三十八年以前草草点过，竟未细思。实则"西湖"乃"西戎"之音讹，典出《列子·汤问》："周穆王大征西戎，西戎献锟铻之剑、火浣之布。其剑长尺有咫，练钢赤刃，用之切玉如切泥焉。"至于"夸大食"三字亦有所本，典出唐杜甫《荆南兵马使太常卿赵公大食刀歌》："揽环结佩相终始，万岁持之护天子……吁嗟光禄英雄弭，大食宝刀聊可比。"同书卷一〇《题愚亭智莹受之问彤两弟洛阳倡和诗后》七律尾联："凭君为吊长沙傅，绛灌无交计本疏。""长沙傅"即贾谊，《汉书·贾谊传》："贾谊，雒阳人也，年十八，以能诵诗书属文称于郡中。"又云："于是天子议以谊任公卿之位。绛、灌、东阳侯、冯敬之属尽害之，乃毁谊曰：'雒阳之人年少初学，专欲擅权，纷乱诸事。'于是天子后亦疏之，不用其议，以谊为长沙王太傅。"所谓"绛灌"，即汉绛侯周勃与颍阴侯灌婴的并称，两人均佐汉高祖刘邦平定天下，建功封侯。可惜因起自布衣，鄙朴无文，又曾谗嫉陈平、贾谊等，在历史上留下骂名。那么"绛灌无交"何义？似是说贾谊不与二人交往，因而受到他们的诋毁。其实四字乃"绛灌无文"的形近而讹，语本《晋书·刘元海载记》："吾每观书传，常鄙随（随何）陆（陆贾）无武，绛灌无文，道由人弘，一物之不知者，固君子人所耻也。"张问陶借用刘元海之语道出对周勃与灌婴等武人嫉贤妒能的鄙夷，并非责难贾谊不与两人结交而招祸。一字之讹，谬以千里！校勘一事，真当慎之又慎。

巴蜀书社 2010 年出版《船山诗草全注》，即以中华书局 1986 年版《船山诗草》为底本，一些错讹即因袭了底本的失误，令我抱憾终身。张问陶论诗标举性灵，但其诗创作绝非全凭兴致，任意挥洒，往往巧用典故，得雅驯之趣，意在言外，读之令人回味无穷。点校《船山诗草》一类的古籍，丝毫不能大意。陈垣先生首次提出校勘学的"四校"之法，即对校法、本校法、他校法和理校法，以理校最为危险，不宜滥用。上揭二例，即运用他校之法，因有确凿书证，并非妄下雌黄。

在整理《船山诗草》的过程中，除为《古籍整理出版情况简报》（总第 159 期）写有《一气如云自卷舒——张问陶及其〈船山诗草〉》外，还陆续写有《张问陶与"性灵"说》（《宁夏社会科学》1987 年第 3 期）、《从张问陶的两首佚诗谈起》（《苏州大学学报》1990 年第 1 期）、《张问陶七绝诗刍议》(《张船山全国学术讨论会论文集》，中国三峡出版社 2002 年出版）、《读〈船山诗草全注〉》(《古籍整理出版情况简报》2011 年第 2 期）、《性灵与学识——〈船山诗草全注〉问题举隅》(《文艺研究》2015 年第 5 期）等。可见从事编辑工作，也有一个"九层之台，起于累土"的循序渐进过程，一切贵在坚持，终究会有"蓦然回首"的惊喜；如若半途而废，一切也就无从谈起了。

王士禛的笔记《古夫于亭杂录》，是我为中华书局整理的另一部典籍，在版本调查过程中搞清楚了其五卷本与六卷本的异同，写有《〈古夫于亭杂录〉的成书时间及其版本》(《文史》第三十二辑）、《读王士禛〈古夫于亭杂录〉》(《王渔洋研究论集》，山东文艺出版社 1991 年出版）。如果没有在中华有关典籍版本的训练，学以致用就无从谈起。

在中华书局酝酿编纂《全明词》的过程中，我因而与张璋先生逐渐熟识。他对晚清女词人顾太清（1799—1877）的诗词整理兴趣甚浓，曾委托我帮他审阅顾太清的诗词集。顾太清集名《天游阁集》(其中词集名《东海渔歌》，诗集无名），庚子事变后，其集流亡域外，国内诸多刊本皆非全帙。20 世纪 80 年代初，为编纂《全清词》的需要，我国学者始辗转从日本得到日藏抄本《天游阁集》的复印件，包括诗七卷、《东海渔歌》词六卷。张璋先生得到后，我也先睹为快，从中发现顾太清还是《红楼梦》续书之一《红楼梦影》的作者（署名"云槎外史"）。1998 年上海古籍出版社出版张璋编校之《顾太清奕绘诗词合集》，据其《前言》可知，《天游阁集》诗集部分与词集部分或以日藏抄本为底本，并皆于日藏抄本外又补得顾太清作品若干，堪称较为完备，但所据日藏抄本之影印复制件系辗转得来，略有缺失，正文亦间有误植处，可谓美中不足。2001 年辽宁民族出版社影印出版日藏抄本《天游阁集》，为金启孮（1918—2004）、乌拉熙春父女编校，仅印 300 册。这部影印本的正式出版，终于使我们有机会得窥全豹，并得以纠正《顾太清奕绘诗词合集》中的若干错讹，可参见拙作《日藏抄本〈天游阁集〉》（载《古籍整理出版情况简报》2005 年第 11 期），此不赘言。我围绕顾太清，前后写有《留得四时春 岂在花多少——太清及其词略论》（《宁夏社会科学》1986 年第 4 期）、《太清》（《清代人物传稿》下编第六卷，辽宁人民出版社 1990 年出版）、《〈红楼梦影〉的作者及其他》（《红楼梦学刊》1989 年第 3 期）、《关于满族女词人顾太清的几个问题》（《社会科学辑刊》1993 年第 1 期）、《清代第一女词人的信史——读金启孮〈顾太清与海淀〉》（《社会科学辑刊》2001 年第 4 期）等。所谓："人闻长安乐，则出门西向而笑；知肉味美，则对屠门而大嚼。"在中华书局的编辑工作，也促进了我自身的学术实践。

著名学者袁行霈先生主编《历代名篇赏析集成》，曾邀我为明代诗人谢榛的《榆河晓发》五律写鉴赏文字，我没有浅尝辄止，在熟悉相关背景材料的过程中，发现其《四溟诗话》（又名《诗家直说》）文字有版本的异同，于是利用业余时间到北京图书馆、中国科学院图书馆、首都图书馆以及清华大学图书馆校勘《四溟山人全集》文字，因此发现中国科学院图书馆所藏《诗慰》初集收录《四溟山人集选》一卷，内中有陈文烛所撰《四溟山人集序》与谢榛《自序》一篇，皆不见于别本。为此我写有《〈四溟诗话〉考补》一文，刊于《古籍整理研究学刊》1987年第2期。此文的发表，促使我与国内研究谢榛首屈一指的学者李庆立教授（1943—2015）结识，并在以后学问的相互切磋中成为好友。当时到北京图书馆善本部调阅明刊本《四溟山人全集》，已经不能阅读原书，只能在阅读器上看胶片，电动翻篇，20分钟后就头昏脑胀，顿觉天旋地转，差点呕吐。平生只此一回，因而记忆犹新。

近代徐世昌（1855—1939）所编《晚晴簃诗汇》二百卷，是卷帙浩繁的一代清诗总集。点校整理这部总集，由文学编辑室集体承担，署名"闻石"，责任编辑由我担任。在清末民初风云变幻的政坛上，徐世昌依违于各派军政势力之间，进退有据，不无其算计精明处，是近代史上较为典型的官僚政客，其政治作为并无光彩可言。然而纵观其一生，徐氏于文化事业尚较留意，他于总统任内，以"偃武修文"为职志，曾主持编订《清儒学案》与《晚晴籍诗汇》两部巨帙，对于研究有清一代的学术文化不为无功。徐世昌自己也能诗，著有《水竹村人集》十二卷、《退耕堂集》六卷。我曾写有《徐世昌与〈晚晴簃诗汇〉》一文，刊于《古籍整理出版情况简报》（总第198期），介绍这部总集的来龙去脉及其四位选政操持者。《晚晴簃诗汇》整理本1990年由中华书局出版。

史树青先生（1922—2007）收藏有《清儒学案》《晚晴簃诗汇》残稿若干，内有《清儒学案暂拟草目》（包括徐世昌字条一件）一册；《清儒学案姓氏韵编》一册；《潜邱学案》《燕峰学案》《半岩学案》底稿各一册；《清儒学案》发刻进度单四件；《晚晴簃诗汇目录》一册；《晚晴簃诗汇》编纂体例一册；曹秉章《晚晴簃诗汇》征引诗集目录编纂事宜说帖一册；《鹿侪诗賸序》一册；《江大锐呈两峰诗》一册；《思旧集序》及诗人小传一册；吴廷燮等致曹秉章函一件，索还原借江苏省之诗集；江苏省公署来函一件；晚晴簃诗社征送各县书目清单一册；前二项合订一册（附公府秘书厅复函）；闵尔昌代傅增湘借书单一件。中华书局语言编辑室主任刘宗汉得知我为《晚晴簃诗汇》整理本的责任编辑，于20世纪90年代初曾赐示上列的《晚晴簃诗汇》编纂体例一册的复印件等，可补我上揭所撰文章内容的诸多不足。拙《远岫集：赵伯陶文史论丛》已由人民日报出版社2022年1月出版，"书评"部分即收录了经过补充修订的《徐世昌与〈晚晴簃诗汇〉》一文，这里不再赘言。

在中华书局当编辑期间，像刘宗汉这样曾对我提供帮助者指不胜屈，如文学室周妙中（1923—1996）、冀勤、刘尚荣、许逸民、柴剑虹、王秀梅、李复波、王景桐、张一兵、徐俊、戴燕、顾青、赵又新，古代室谢方（1932—2021）、张忱石、崔文印、陈抗、王瑞来，近代史陈东林，哲学室熊国祯、王国轩，语言室赵诚、郑仁甲、张力伟，综合编辑室李肇翔，《文史》编辑部李解民、盛冬铃（1944—1991），《文史知识》编辑部杨牧之、胡友鸣，总编室主任俞明岳（1911—1985），古籍小组办公室主任沈锡麟等等。尽管其中一些先生已然作古，但六年相处，或曾承蒙指教，或曾相互切磋，至今难忘。正是中华书局当时学术氛围的平和，激发出众多编辑的事业心。

时过境迁，在全国出版业日新月异的今天，自不能以个人年发稿定额在七八十万字左右的过去，衡量个人年发稿定额多已超出三百万字的当下，"十年一剑"与"书稿旁午"也不可同日而语。对于过去，怀念不等于留恋，"苟日新，日日新，又日新"，展望未来，出版事业必将蒸蒸日上、一往无前！在应邀为中华书局创建百十周年华诞的题辞中，我曾用十二字联语传达我的心声：

　　　尝坐春风六载　　旋钟邺架千秋

（作者系中国艺术研究院《文艺研究》编辑部编审）

我与中华书局的三重缘

虞云国

今年，中华书局隆重纪念创立 110 周年。当此之际，除了真诚的祝贺，也顺便说说我与中华书局的三重缘。

先说第一重缘：我是读着中华书局的书，爱好上中国传统文史的。

六十年前，从小学升入初中，我开始用有限的零花钱买自己喜爱的书，记不清第一本买的什么书，但中华书局的《书的故事》至少是最早之一。这是当年在四马路上旧书店里买的，定价五分，还是民国三十六年（1947）初版，作为"初中第一集"列入《中华文库》，看完就记住了作者伊林，日后才关注到译者竟是大名鼎鼎的张允和，周有光的夫人。在我最早买的书里，印象最深且值得怀恋的还是中华书局那几本。从初一语文里读到古典诗词，立马喜欢上了，想扩大阅读面，先买《唐诗一百首》，再买

书的故事　　　　　　　　诗词格律

《唐宋词一百首》，成为我在古典诗词上爱不释手的启蒙读
物，书脊上印的都是中华书局，内页上却标着"中华书局
上海编辑所编辑"与"中华书局出版"。一个初中生哪能
洞晓其中的关系，直认就是中华书局，后来才知道中华书
局上海编辑所是上海古籍出版社的前身。读了两册"一百
首"，再买王力的《诗词格律》，读完这本薄薄的小册子，
大体搞清了诗词格律，还比照学着写，当然很稚拙。初三
那年，还买过中华书局《初中学生文库》中《注释分级古
文读本》的零本，我的那册是"乙编一"，目录页上留下
我的购买记录："一九六四年十二月购于古籍书店"，书中
夹着发票，标明日期是 12 月 27 日，旧书价八分，相当于

当年沪上一副大饼油条的钱。据版权页，此书初版发行于民国二十五年（1936）六月，时为抗战爆发前一年；买到的这册已是民国三十年（1941）六月五版，其时正是抗日战争最艰苦的年代，也足证国难时期中华书局对传承中国文化的卓绝贡献。这册共选《国策》到明代古文80篇，唐宋八大家入选40篇，整整占了半数，韩愈的《送董邵南序》、柳宗元的《桐叶封弟辨》与王安石的《伤仲永》，我都是最先在这里读到的。其他选文如屈原《渔父》、陶渊明《五柳先生传》与周敦颐《爱莲说》也都再三诵读，令人难以忘怀。去年，有缘进入中华书局图书馆大库，发现插架有整套《注释分级古文读本》，不禁顿生如见故人的欣喜。这册小书与《书的故事》，虽几经迁居，却始终未能断舍离，只为留有我读着中华书局的书喜欢上传统文史的那份最初的温馨记忆。

次说第二重缘：我是借助中华书局的书，才踏入传统文史研究领域的。

高一下学期还没结束，非常年代开始，我的中学教育也戛然而止。接下来好几年，渴求读书的年龄却无书可读，与中华书局的初缘也中断了。1972年深秋的一天，路过福州路的上海书店，见新设的古籍柜台上竟有老中华与旧商务的古籍在售，真是喜出望外。但当年待在城里没工作，囊中羞涩，线装书买不起，老中华书局的《四部备要》缩印本称得上价廉物美，便成为首选。直到1977

年恢复高考前，在我陆续购置的《四部备要》缩印本里，有王安石的《临川集》、苏轼的《东坡七集》、黄庭坚的《山谷集》、秦观的《淮海集》、陈师道与陈与义的《后山集·简斋集》，还有陆游的《放翁集》（附《渭南文集》），另同一版本的《通鉴目录》《困学纪闻》与《古文辞类纂》等文史要籍（其他还有老商务的《四部丛刊初编》缩印本与《丛书集成初编》《万有文库》的零本）。当时没人指点，只是随兴所至地翻阅选读，对文史之学的兴趣却由此与日俱增。有意思的是，在我最初入手的《四部备要》中，宋代文史典籍占了主位，考入历史系后，我将专业圈定在宋代，或许也有潜移默化的影响吧。1973年，听说中华书局重版了标点本《史记》，但供应渠道对外有限制，我托关系好不容易搞到一套。因未经专业训练，仅仅耽读感兴味的纪传世家。前几年，我在一篇自述读书经历的小文里说：

> 好在三四年后，高考 1977 让我叩开了史学之门，才知道"止看列传数篇，于史学无当"（张之洞语）。随着考入历史系，前 30 年泛览式阅读也告终结，转入下一 30 年的专业性阅读（这是仅就主要精力与阅读范围而言）。如此说来，《史记》既是我购读二十四史的发轫，也是我阅读类型转变的起点。入行以后，对太史公高标"究天人之际，通古今之变，成一家之言"，有了真切的感悟，虽身不能至却心向往之。环

顾今日书架，一部《史记》领头的廿四史与司马光的《资治通鉴》，是使用率最高的典籍。

毕业留校以后，治学方向既已确立，就更离不开中华书局出版的文史典籍了。在我的专业用书中，中华书局版所占的比例无可争议地居于首位。毫不夸张地说，正是受惠于中华书局精心整理的文史要籍，我在文史研究领域才得以蹒跚起步，踟蹰前行，并收获了些许成果。

再说第三重缘：承蒙中华书局的厚爱，我有幸跻身她的作者行列。

在学习宋史的起步阶段，中华书局《续资治通鉴长编》标点本陆续分册出版，到1985年我读研究生时，已出了第2册到第15册，成为我的常用书。当时中华书局决定尚未出版的第1册收入全书目录、局本卷首诸文与李壁的《巽岩先生墓刻》、周必大的《李文简公焘神道碑》以及徐规的《李焘年表》。负责该书后期定稿的徐光烈先生让我标点《墓刻》与《神道碑》收入其中，第1册迟至1995年才出版，这两篇标点虽未署名，在古籍整理上却是我与中华书局的最初交集。

我读研究生时，还参与了《文献通考》的整理。校点与出版这部中国典制巨著，原先就列入中华书局的长期规划，标校任务则由上海师范大学与华东师范大学两家古籍研究所分工承担。全书在上世纪80年代中期完成点校第一稿，90年代初期交出第二次点校稿，但其时古籍出版

文献通考

陷入困境，中华书局无力付梓，最后经傅璇琮先生介绍，以简体横排纳入《传世藏书》，改由海南国际新闻出版中心出版。进入 21 世纪不久，古籍出版走出低谷，中华书局的主事领导就把出版《文献通考》重新提上日程，两校古籍所同仁启动了第三次整理工作，经过覆校完善，在2011 年终于由中华书局推出全新整理本。我负责标校了《文献通考》的一头一尾，即马端临的《自序》与《四裔考》二十五卷。在这部大书整理与出版的一波三折中，我以参与者的身份见证了中华书局古籍出版事业与时代大形势息息相通的关系。

说完古籍整理，再说说作为作者与中华书局的因缘。1997 年，《文史知识》约我写一写三年前逝世的导师程应镠先生，这年刊出的《追忆程应镠先生的史学研究》，或能视为我与这一名刊的订交书。数年以后，我着手写关于《水浒传》的随笔，《文史知识》也是刊发拙文的主打刊物。2006年，中华书局编辑来函说《水浒》随笔兼具学术性与可读性，问我是否愿意在中华书局结集出版，于是促成了《水浒乱弹》问世。进入21世纪后，我的其他随笔也不时由《文史知识》刊出，领域既有涉及史学的，也有古典文学的；时段既有宋代的，也有其他断代的。尤其令我感铭与荣幸的是，《文史知识》创刊40周年之际，蒙中华书局厚意，还让我忝居编委之列。去年，中华书局又推出了我的《从中州到钱塘》，这是我宋史随笔的一次全面结集。这些都应该向中华书局深致谢意。

就这样，我从少年时代读着中华书局的书爱好传统文史开步，日后逐渐走上古籍整理与文史研究的学者之路，并有幸成为中华书局的一名作者。回想起来，正是书牵连起我与中华书局的三重因缘。而110年来，高质量、高水准的书也是中华书局奉献给近现代中国最可贵的精神财富。作为一名忠实的读者与普通的作者，我衷心祝愿中华书局与时俱进，为弘扬中华优秀文化，为提升国民人文素质，出版更多更好的图书典籍，造福于读书界与学术界。唯有永恒的书香，才是不朽的盛业！于是，我把这层意思隐括为四句祝辞：

丹黄烂漫染缥缃，佰拾风华织彩章。

却顾翠微相记取，书香墨妙最悠长。

（作者系上海师范大学教授）

中华书局助我习文治史四十年

李治安

今年是中华书局创建 110 周年。这是现代出版业和文化界值得庆贺的大事。

我和中华书局结缘是在四十三年前。1978 年我考入南开大学历史学系，又师从杨志玖先生读硕士和博士研究生，而后留校任教。四十年来，在受到南开大学和其他院校诸师友教益的同时，中华书局一直在助我习文治史。

最初知晓中华书局，是从大学本科阅读翦伯赞、郑天挺主编的《中国通史参考资料》开始的。这是 20 世纪 60 年代中华书局出版的一套大学历史学系教学参考书。因暂时经济困难，虽然纸张不太好，但各册主编都是断代史名家，所收编史料很精辟，让我能够在随堂听"中国古代史"讲课之际第一时间读到相关史书史料节选，受益匪浅。时值中华书局陆续出版了"二十四史"点校本，我有幸通读其中的《史记》和《汉书》，被这两部名著所深深吸引和折服。原本打算学隋唐史，故《旧唐书》和《资治通鉴》隋唐前段也粗略读过。攻读硕士改学元史，遵照杨志玖师的指点，仔细研读《元史》，从字里行间寻觅疑问，思考未知。尤其是校勘记，从中学到前辈学者的很多精彩考据。可以说，我学习元史及中国古代史的基本功底，就是靠1978—1988年十年间阅读中华书局"二十四史"点校本《元史》等积累和奠定的。

1992年，我在中华书局《文史》第三十五辑和《元史论丛》第四辑刊发《元代封爵等级和王位继承问题》和《元代的宗王出镇》两篇文章，2000年以后又刊发两篇。尤其是第三篇《元代肃政廉访司研究》长达6万余字，《文史》责任编辑分作三期连续刊登。当时我还是初出茅庐，能得到如此宝贵的厚爱与帮助，很幸运也很温暖。每念及此，我都抑制不住内心的感激之情！不久，中华书局资深编审姚景安先生邀我撰写《元代职官制度》的专著。遗憾的是，我因担任南开图书馆和历史学院的行政职务，牵扯很多精力，没有能够完成此书的撰写。这也成为我对中华书局多年来的一桩愧疚。2007年以后我卸掉了行政职务，全身心地从事元史、中国古代史的教学与科研。十余年间，中华书局先后出版了拙著《元代分封制度研究》（增订本）、《元代行省制度》（上）（下）、《元史十八讲》、《中国古代官僚政治》（再版）。尤其是前两种，是我在元史领域耕耘多年的代表性著作。可以说，这三十年，又是中华书局对我从事元史暨中国古代史研究给予莫大帮助支持的三十年。

近十年来，我和中华书局合作出版了一些南开大学历史学科的学术书籍。首先是编辑出版《南开史学家论丛》第三辑，其次是编辑出版《纪念郑天挺先生诞辰一百一十周年——中国古代社会高层论坛文集》，再就是编辑出版五卷本《杨志玖文集》。杨志玖先生是我的业师，也曾是南开大学著名教授。我和几位师兄弟商议在先生诞辰100周年时出版一套文集，以作最好的纪念。范曾先生捐献资金并为文集题签，令人至为感铭。我又与中华书局领导联系，立即得到热情支持。2015年10月10日，中华书局和南开大学等联合举办"纪念杨志玖先生诞辰100周年暨隋唐宋元时期的中国与世界国际学术研讨会"，顾青总编辑莅临讲话，并和南开大学校长龚克教授一起为五卷本《杨志玖文集》首发揭幕。这几部书籍编辑出版期间，曾得到李晨光编审、朱振华编审、李静主任、孙文颖编审等全力支持。与中华书局联合举办庆贺蔡美彪先生米寿和萧启庆先生、蔡美彪先生的缅怀纪念活动，也令人难以忘怀。尤其是召开元代历史文献整理与出版座谈会并庆贺蔡美彪先生米寿，实乃中书书局主办，徐俊总经理、顾青总编辑和李静主任等亲临主持或操办，我只是和南开大学、中国元史研究会同仁到场助兴。记得当日蔡先生精神矍铄，甚是愉悦。除宴餐蛋糕，连生日面也全碗享用。那年春节前夕，徐俊总经理还携带一大盆蝴蝶兰去看望蔡先生。蔡先生逝世后，徐俊总经理又特意撰写《平实而通达的引路人——追忆蔡美彪先生与中华书局的情缘》长篇纪念文章，足见中华书局对老一辈学者发自学术同道的真挚尊重。

2012年我申请承担的"元代北方金石碑刻遗存资料的抢救、发掘及整理研究"国家社会科学基金重大招标项目，被全国哲学社会科学工作办公室批准立项，并获两次滚动资助。该项目内容涵盖十余省区，包括金石碑刻的搜集、拓片、拍照、录文和校订等，规模宏大，任务繁重，从搜集拓片图版到文字识别校勘皆难度较大。我先后聘请河南博物院、甘肃省博物馆、宁夏博物馆、山西省考古研究所、山东博物馆、山东省石刻艺术博物馆、河北博物院、中国人民大学北方民族考古研究所等文博考古机构的领导或专家担任相关省区子课题的负责人和各卷主编。通过他们汇集北方各省区8个子课题70余名研究者，通力协作，共襄大业。相当多的碑刻遗存甚至需要奔波于十几个省区，深入数百县镇乡村寻访考察，逐个从事制作拓片或拍照、现场识读辨认等复杂细致的工作。整理工作启动不久，我就与中华书局及时联系出版事宜，获得慨然应允。为此项整理编辑工作，李静主任、胡珂主任和孙文颖编审等多次来津会商整理体例和各卷工作进展等。顾青总编辑亲自来津签订出版合同。目前经多方努力，项目绝大部分整理工作业已完成，用翁独健先生当年首倡之意，冠名曰《元代北方金石碑刻集成》，共 8 卷 25 册。今年 9 月可上交编辑部最后一批整理稿，年底《京津卷》和《鄂尔多斯蒙古源流博物馆藏专辑》4 册可望出版面世。为这项重要文化建设项目，中华书局领导和编辑、校对人员等付出了大量精力与心血。在克服较多困难，整理出版工作顺利进入"收获期"之际，我谨向关心支持此项整理出版并给予诸多帮助的中华书局领导和编辑、校对人员致以衷心的敬意与谢忱！

最后，再次热烈祝贺中华书局创建 110 周年！衷心祝愿中华书局以古籍整理和文史学术研究为重心，为弘扬优秀传统文化和推动新时代学术繁荣作出新的贡献，创造新的辉煌！

（作者系南开大学教授）

大师·青年·书局

李伯重

我很早就对历史产生了浓厚的兴趣。家父李埏先生发现了这一点，对我循循善诱，希望把我培养为一个历史学者。

家父最敬佩的古代史家是"二司马"，即司马迁和司马光。他在 2002 年 7 月 7 日的日记中写道："史部古籍中，我最爱读者为两司马之书（即《史记》与《通鉴》）。解放前为《民意日报》的《地方论坛》写文，即曾以'司马夷然'为笔名。'夷然'者，埏字之谐音也。"我上小学时，他就要我背诵司马迁的《报任少卿书》和司马光的《资治通鉴进书表》，从中体会他们为史学的奉献精神。他强调：司马迁因李陵案而遭受残酷的迫害，"肠一日而九回"，但为了史学而坚强地生活下来，完成了被鲁迅先生誉为"史家之绝唱，无韵之离骚"的《史记》。司马光虽身居高位，但从未放弃对史学的热爱，自称"凡百事为，皆出人下，独于前史，粗尝尽心，自幼至老，嗜之不厌"。为了写《资治通鉴》，他"研精极虑，穷竭所有，日力不足，继之以夜"，全部精力皆"尽于此书"。正是出于这种对史学最高境界的追求，"二司马"才能够为人之所不能为，成为良史。家父常对我说："你倘若有志于治史，就必须把他们作为学习的榜样，以毕生的精力和全部的热情从事之，写出真正可以传世的著作，而不可将学问当作牟取功名利禄的工具，不可曲学阿世，媚俗邀宠；否则，倒不如去从事其他职业为是。"这些教诲成为我一生的座右铭。他一再教导子女和学生："读书必有得力之书"，"一个人做学问，总要有几部得力的书是写在脑子里，如此，一辈子受用不尽"。对于一个有志于历史的青年，这种得力之书首先是史学名著。家父当年读研究生时的老师陈寅恪先生说："备课要读的第一种书总是《资治通鉴》。"因此《资治通鉴》就是家父所说的"得力之书"中的一种，遵循家父的教导，《资治通鉴》也就成为我从中学就开始学习的名著。

1966年，"十年浩劫"开始，"横扫牛鬼蛇神"狂潮于该年夏天席卷全国。家父是一位有名的历史学家，又在西南联大读书时与吴晗先生有师生之谊，因此在此狂潮中"理所当然"地成为云南省最为知名的"牛鬼蛇神"。经过几次抄家，家里的藏书被扫荡一空，只有几部古籍由于特殊而得以逃过此劫。在这几部留存的书中，有一部是世界书局缩印版《资治通鉴》。《资治通鉴》之所以没有被列入"四旧"，是因为毛泽东在"文革"前曾号召中共高级干部读《资治通鉴》，当时中共湖北省委第一书记王任重就因发表读此书的心得而获得毛泽东的赏识。因此之故，此书在抄家运动中得以幸免。

1968 年初，在"知识青年上山下乡"运动中，我被送到位于中缅边境的德宏傣族景颇族自治州瑞丽县农村插队。我随身带去了这部《资治通鉴》，在农作之余，在油灯下反复细读。读书时遇到不少问题，苦于无人解答。当时云南省德宏州芒市民族中学有一位戴静华老师，是 20 世纪 50 年代北京大学历史系的高才生，著名史家邓广铭先生指导的研究生，但于 1957 年被打成"右派"，被下放到这个中学教书，一待就是二十多年，"文革"后才平反改正，到云南民族学院历史系任教。我曾步行百里去芒市，就读书中遇到的问题，向戴静华老师请教。但这也不是常法，因此写信向家父求教。在当时那种政治氛围中，信中只是问了一些古文的字义和对史事的解释，绝无涉及政治的言辞。万万没有想到的是，家父此时随云南大学师生被"疏散"去到弥勒县农村劳动，但仍然处于"群众专政"之下，一举一动都受到云南大学历史系"革命教师"的严密监管。此信寄到后，立即被对他进行日常搜身的"革命教师"搜出。他们就此对家父展开了新一轮批斗，同时还以云南大学历史系革命委员会的名义，致函我所在的瑞丽县姐勒公社革命委员会，说老"牛鬼蛇神"还在搞"封资修"，公社革委会应对小"牛鬼蛇神"严加管教。公社革委会主任、造反派头子收到此函后，立即把我传唤到公社里严厉训斥，没收了我的全部个人往来书信，并剥夺了我回乡探亲的权利。至于以后的招工、招生等"好事"，当然更非我可想的了。

　　1972年，政府决定把在中缅边境插队的昆明知识青年以各种名目收回昆明，以免在边疆"闹事"，我也因此以"病退"的方式，从瑞丽农村回到昆明。因为"出身不好"，找不到工作，只好打各种零工为生。直到1974年，社会秩序稍微安定，各中小学都要上课，但缺乏老师，因此昆明市教育局大批招收回城后没有工作的知识青年去做老师，我也在其中。此时，家父随云南大学师生也回到昆明。这样，我利用工作之余，在家父指导下，继续努力学习唐宋史。家父要我以《资治通鉴》为纲，学习前四史、新旧《唐书》、新旧《五代史》等史籍。但是我先前读的世界书局《资治通鉴》缩印本，不仅字小，而且更大问题如田余庆先生所言，"世界书局影印的胡注《通鉴》，断句之误比比皆是"。因此找到一个较好的版本，是当务之急。此时云南大学历史系青年教师手中有一部中华书局1956年版、1962年重印的《资治通鉴》标点本要出售。于是我用打工所得的微薄工资，通过家父购得此书。此标点本系顾颉刚等多位一流学者整理打磨，质量上乘，受到学界的一致好评，即如柴德赓先生所说："标点这部书很不容易，应当说，现在这个版本是最好的。"因此，得到这部标点本，不啻为我开辟了一条精读《资治通鉴》的便捷通道，使我能够更好地领会这部史学名著的精髓。为此，我一直对参加标点工作的众前辈学者和中华书局心存感激之情。

但是智者千虑，必有一失。这些前辈所作的标点，也难免有一些可商榷之处。1957 年 6 月 10 日龙榆生先生在《文汇报》刊《古籍的标点和校勘》一文，指出《资治通鉴》标点存在疏忽之处，顾颉刚先生为此在日记中抱屈："予作事素小心，而标点《通鉴》一事，领导上限一年完成，予屡次争之不见许，谓即使有错再版时亦可改正，予无其权而有其责，遂致受此批责，不亦冤乎！"标点本出版后在多次重印过程中，也不断有些许瑕疵被发现。

由于反复细读《资治通鉴》，我也发现了一些标点不妥。根据对有关史实、史事的理解，并查阅前四史、新旧《唐书》、新旧《五代史》的有关记载，我把《资治通鉴》标点本中的标点错误做了一番梳理，写了一个详细的纠错表。这个对读，对我的史学基本训练起到重要的作用。

虽然这部标点本出于名家之手，即如近年辛德勇教授所云，标点本《资治通鉴》"司职人员水平、层次之高，点校质量之佳，可谓'空前'，使这一印本成为此书现有诸本当中最好的本子"①，但中华书局并未停留在已经取得的成绩之上。1972 年，中华书局委托吕叔湘、俞平伯、丁声树等著名学者对全书标点做全面检查。吕先生等以 1963 年重印本为底本，提供了上千处修改建议，绝大多数都被编辑室采纳，相关修改体现在 1976 年中华书局第四次印刷本上。吕先生后来撰成《〈资治通鉴〉标点琐议》，发表于《中国语文》1979 年第 1—2 期（后又递经增补，改名《〈资治通鉴〉标点斠例》，收入《吕叔湘语文论集》）。吕先生在文中写道："标点本《资治通鉴》初版在 1956 年。因期限短促，在标点上未能反复推敲，不免有欠妥之处，虽然每次重印都改正了一些，仍然遗留不少。1972 年又准备重印，当时出版社正集中力量从事二十四史的校勘和标点，委托我们几个人对《资治通鉴》的标点做一次全面检查。……标点古书是一件不很简单的工作。我在校读的时候曾经做了一些札记，现在选出一部分有代表性的例子，分类说明，供从事标点古书的同志以及学习古汉语的读者参考。标点古书必然会牵涉到文字的校勘，《资治通鉴》有不少校勘上的问题，但是因为本文以谈标点为主，所以只在末了列出少数校勘方面的例子。有个别词语需要注释的用括号附在各条之后。有一部分例子是别的同志校读的结果，分别在各该条后边注明。又，

---

① 辛德勇：《为古代文化延续命脉》，《光明日报》2013 年 11 月 12 日。

原书人名、地名俱有专名号，今为排印便利，除错误涉及人名、地名时加用专名号外，其余地方一概省去。共选取一百三十二例，分为三十类。"

这篇文章发表后，许多标点古书的人为之震动。我读了吕先生的这篇文章，受到很大鼓舞，于是从纠错表中选出自己觉得最有把握的 70 条，写成《通鉴标点正误七十条》，冒昧寄到《中国语文》杂志编辑部，请转呈吕先生。不久，得到吕先生回信加以鼓励，并说已将该文转给中华书局，请中华书局再版时考虑采纳。吕先生的回信颇出乎我的意料。一位德高望重的学术大家，对于一个尚未出茅庐的陌生青年写的小文章，竟予以回复并鼓励，令我深切感受到学术大家的崇高境界和对后辈的深切关爱。

收到吕先生的信后，又收到中华书局给我的信。吕先生和中华书局给我的信，一直保存在昆明老家。家父母先后辞世后，清理遗物时，一时未发现这两封信，只好待日后再回昆明时细找。但家姊在整理家父日记时，发现其中记述了中华书局来信之事，并记下了这封编号为（80）古编发 67 号的信的原文："李伯重同志：你的来信已由吕叔湘同志转至我社。谢谢你对我们出版物的关心。信中对《资治通鉴》标点方面所提出的各项意见，我们将于再版时酌改。谨致敬礼！中华书局编辑部 80 年 5 月 3 日。"

如前所述，《资治通鉴》的标点是集多位史学大家之力完成的，参与者有顾颉刚、张政烺、贺昌群、容肇祖、王崇武、聂崇岐、齐思和、周一良、邓广铭、何兹全、郑天挺、章锡琛等德高望重的学者。其中王崇武先生为召集人，王崇武、顾颉刚、聂崇岐、容肇祖先生组成四人校阅小组。如此强大的阵容，在今天是无法想象的。他们所做的工作，即使有些美中不足之处，大家也觉得是可以理解的。但是中华书局却秉持精益求精的完美主义精神，邀请吕叔湘先生等著名学者对全书标点做全面检查。吕先生等学者也不避嫌疑，认真检查，提供了上千处修改建议。若非心怀"以学术为天下公器"，安能如此认真地审查大多数是朋友的同辈学者的工作而且提出大量的修改建议！这些建议绝大多数都被采纳，这又体现了中华书局具有闻过则喜的宽广胸怀和精益求精的敬业精神，因此才能公开承认以往的工作有瑕疵需要改进，并努力征集并采纳批评者提出修改意见。

收到中华书局的信后，我觉得已有了很好的结果，因此也就没有继续关注此事后来的情况。当年写的那篇《通鉴标点正误七十条》，因为当时没有复印条件，我也没有留底，这件事也就从我的记忆中慢慢淡化了。殊未曾料到，这篇文章居然还保存在中华书局的书稿档案里！2021 年 8 月 19 日，忽然接到中华书局胡珂女士的信，说："今翻阅书局书稿档案，看到一份《通鉴》标点七十条，是您当年手迹？"随后，胡女士把这篇文章扫描发给了我。她并为此写了一篇文章《标点本〈资治通鉴〉出版

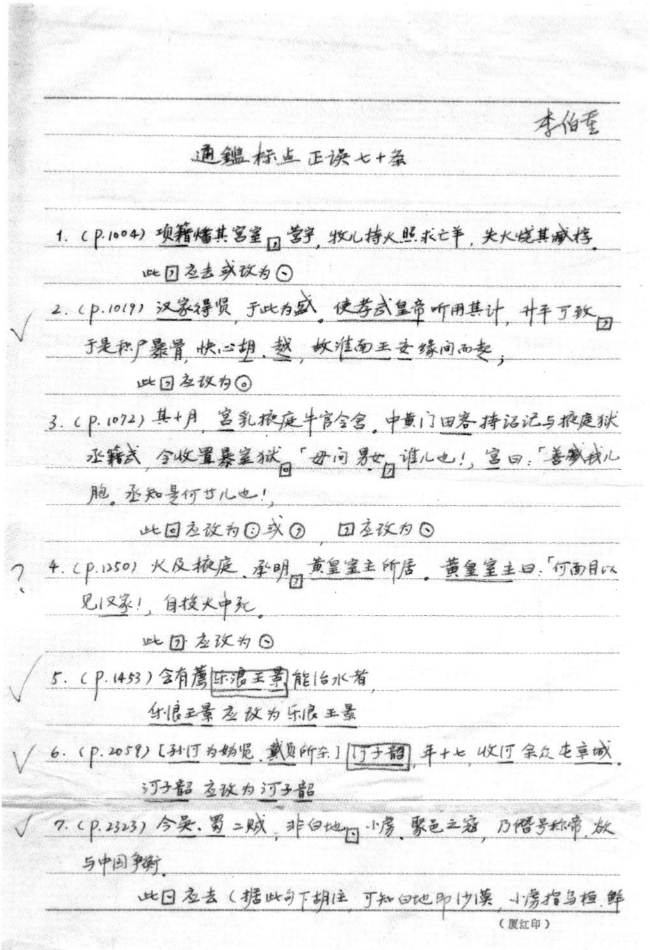

李伯重《通鉴标点正误七十条》

史事拾零》，发表在《文史知识》2019 年第 10 期上。文中写道：

> 中华书局档案中现存 1979 年至 1996 年间全国各地读者关于标点本《资治通鉴》的反馈意见，其中一封题为《通鉴标点正误七十条》的泛黄来信颇引人注目，寄信人"文革"期间在中缅边境的瑞丽农村劳动，乘隙研读标点本《资治通鉴》，辄随手记下；后考入厦门大学读研究生，在《中国语文》上获读吕叔湘谈《通鉴》标点之文，受到启发，将当年孤独求索之零墨整理归纳，寄请吕先生指教。吕先生给"毛头小子"郑重回信一封，多所鼓励，并把此校读意见转中华书局参考。倏忽四十载，一代大家吕叔湘先生早已作古，当时热忱向学的青年也变成了年逾古稀的史学名家。2019 年 8 月，笔者在翻阅中华书局《资治通鉴》档案时偶遇这份署名"李伯重"的陈年旧札，特拍照相示，李先生喜出望外且感慨系之："这是我在'文革'中开始学史的习作，也是那个风雨如晦的青年时代留给我的一段记忆。"

我收到这份阔别多年的手稿扫描件，心里感慨万端。我得到中华书局《资治通鉴》标点本并由此开始新一轮精读这部名著，已是近半个世纪前的事了，而我写信给吕叔湘先生并得到他赐复，又收到中华书局给我的信，至今也是四十多年过去了。尽管我从未有幸面谒吕先生，而且至今也没有造访过中华书局，但想不到的是，作为中华书局、吕先生和我之间交往的这份记录，至今还很好地保留在中华书局的文稿档案中。在此意义上可以说，这份记录，是大师、青年和出版社之间互动的一段佳话。

我后来和中华书局的缘分，实际上也可以追溯到这封信。之后，拙文《〈唐律疏议〉中的部曲奴婢等级》和《创建新型军队：明代中后期的"练兵"运动》，先后于1990年和2012年刊于中华书局《文史》杂志。拙著《中国的早期近代经济——1820年代华亭—娄县地区GDP研究》也由中华书局于2010年出版。此书出版后，获得第四届郭沫若中国历史学奖（2012年）和第六届中国高校人文社会科学研究优秀成果奖（2013年）。英译本也由剑桥大学出版社于2021年出版，著名学者柏金斯（美国哈佛大学教授，哈佛大学经济系前主任和哈佛国际发展研究所所长）、范·赞登（荷兰乌特勒支大学教授、斯宾诺莎奖得主，国际经济史学会前会长）、霍夫曼（美国加州理工学院教授，美国经济史学会会长）为该书写了序言。剑桥大学出版社CEO菲利普斯为该书在国际书展上展出专门写了推荐语，说该书"对两百年前中国的GDP做了最好的评估，获得世界顶尖学者的认可。该书被认为是彭慕兰对1800年以前中国经济表现的研究的基石"。这些，都是与中华书局分不开的。

从我的上述经历可以看到：学者、学生和出版社之间的关系，是密不可分的。好的出版社能够汇集好的学者，好的学者能够通过出版社惠及向学的年轻学子，好的出版社能够帮助好的年轻学子更好地成长。而这种关系是围绕书展开的。好的学者写出好的书，出版社把好的书推向学界，而读者则从这些书里获得知识的滋养。因此，写好书、出好书和读好书，成为作者、出版社和读者三者良性互动关系的关键。中华书局在一个多世纪中，在建立作者、读者和出版社之间的良好互动关系方面，成为出版界的楷模。在前辈留下的坚实基础之上，中华书局出版工作者踔厉奋发，踵事增华，取得一个又一个的新成就。我相信在未来的发展中，中华书局的工作必将更上一层楼。

（作者系北京大学教授）

中华书局与民俗学出版工作

董晓萍

中华书局专治古籍经典图书，也兼顾民俗学，这与钟敬文先生有关。钟先生自五四运动起开始出书，直至晚年还在出，长达八十年，出版地遍布北京、上海、广州、杭州、香港，乃至东亚和欧美等地，但在中华书局出书已届晚年，具体说是在 20 世纪八九十年代。那时改革开放不久，中华优秀传统文化图书全面恢复出版，大批冷门绝学的专家学者重返杏坛，北京和各地出版社重振旗鼓。文化热、教育热与读书热汇合，说中华书局稿源滚滚也许都不过分。今天回想，中华书局在 80 年代重现辉煌，靠的不是吃老本和耍大牌，而是传统实力、创新追求与全面弘扬中华优秀传统文化的使命感。我由于工作关系，在中华书局与钟先生之间承担了一些具体工作，个人也从中获益良多。

一、中华书局为钟敬文先生开辟民俗学园地

自 20 世纪 80 年代起至钟先生辞世前，中华书局领导或业务部门负责人每年都会有人来北京师范大学小红楼拜访钟先生。

1996 年，中华书局为钟先生出版了《民俗文化学：梗概与兴起》一书。这本书的重要性在于民俗学向整体中国文化研究领域整合，总结了钟先生这一代学者投入民俗学事业的学术史，也指出在我国走向世界舞台的背景下，民俗学如何参与建设国家文化主体性，读者从书名中"民俗"与"文化"两个词的结合即可看出钟先生的思考。这一年钟先生 92 岁，视力下降到 0.02，有时会给季羡林先生打电话，讨论是否接受眼睛手术的问题，因为不能看书写字等于要了他们的命。中华书局不知从哪里听到消息，或者干脆就是换位思考，为这本书排了大字版，让老人容易阅读。钟先生在《著者自序》中说，仰赖"中华书局傅璇琮、徐俊诸同志，又热情帮助，使它有与世人见面的机会。这对我都是很可感谢的"。钟先生提出购买 100 本，然而百本精装书是不小的体积和分量，怎么运来呢？那个年代没有快递，也没有网约车，我都没敢想，再不行只好向北师大车队要车。可是奇迹又发生了，有一天徐俊和刘石竟然肩扛手提地把书直接送到钟先生家里来了。徐俊时任中华书局文学编辑室主任；刘石是启先生的弟子，博士

毕业后去中华书局工作，也是一个部门的负责人。两人都说有事，水也没喝一口就走了。

钟先生接待其他中华书局来人，陆陆续续，大多数情况下我都在场，这是做学术助手的本分。有些人的姓名在钟先生书的序中提到了，有些场合未及一一点名，但我还有印象。比如顾青，曾来找钟先生征求《中华活页文选》复刊的意见。

钟先生在中华书局出书之前，已应中华书局之邀撰写论文，在《文史知识》上发表，如《民俗学的研究对象、范围、方法及其他》（1985年第6期）、《民俗学与古典文学》（1985年第10期）、《谈谈民俗志》（1998年第7期）、《建立民俗学的中国学派》（1999年第4期）等等。1998年中华书局策划出版《学林春秋——著名学者自序集》（张世林编），钟先生提交了长篇论文《我与中国民俗学》。通过钟先生，中华书局破天荒地为中国民俗学开辟了园地，钟先生也成为中华书局的忠实作者。

钟先生有一件一直想做而没有做成的计划，就是出版"外国民俗文化研究名著译丛"，这件事竟然被中华书局的金英做成了。她跑上跑下，多管齐下，终于为钟先生争取到"十五"国家重点图书出版规划项目和中国出版集团重点图书出版资助项目，把所有外围的难题全部解决，最后出齐了三本书，即阿尔伯特·贝茨·洛德（Albert B. Lord）《故事的歌手》（尹虎彬译，2004）、普罗普（Vladimir Propp）《故事形态学》和《神奇故事的历史根源》（贾放译，2006）。然而，擅长古籍出版的中华书局，出版外国名著寓意何在？对主编钟先生又寓意何在？钟先生在这套书的《总序》中写得很清楚："自90年代中期起，在国际民俗学界，翻译工作出现了新的说法，即翻译文化。各国学者强调不同文化及其不同学术之间的相互尊重、相互沟通和相互繁荣，而不存在谁统治谁、谁接轨谁的问题。对于民俗这种民族性极强的文化现象，尤其如此。这不是说，理论和方法之间没有高下，彼此的研究成果没有优劣，肯定不会是这样。它是主张从文化本身看问题的，这也开辟了认识民俗学译著功能的又一层次。前不久，我给研究生做过关于建立中国民俗学派的讲演，已经谈了这个问题，我对他们说，中国民俗学与外国理论能不能接轨？这要从研究对象的实际出发来考虑。""通过这些译著，希望能够打开一扇扇新的世界之窗，让广大读者看到，在这世界上林林总总的国家、民族（特别是那些现代文化比较发达的国家、民族）中，在这方面的现代科学活动上，现在又有哪些新表现，已取得哪些新的理论和方法，有什么样的学术花朵和成果可供观赏和取资，以及在怎样一个程度上，我们自己的学术成就可以与之对话，并形成平等、友好的学术竞争新格局。"

钟先生本人也曾做过翻译和编辑工作，怎能没有预料到过程中的艰辛呢？除了规划布局，还要筹集版权费和翻译费，都不是小事，也都不是小数。加上这批原著早已扬名世界，中译本未等出版就已有国内众人瞩目，容不得半点肤浅和疏忽。金英果然不负众望，精雕细刻，修成正果。钟先生写道："我要郑重地向接受此套丛书出版工作的中华书局领导致谢！我们的财力还不宽裕，然而，他们却以十分的明智和贤达给了我们大力的支持和资助。一并感谢责任编辑金英同志，她的辛勤劳动，我想读者是会默记在心的。"

中华书局在钟先生辞世后继续珍藏一份作者情。2013年纪念钟先生诞辰110周年大会在人民大会堂召开，经时任中华书局总经理徐俊批准，在没有任何经济收益的情况下，出版了钟先生生前希望再版的《兰窗诗论集》，执行主编于涛、副主编胡友鸣、编辑陈若一共同出力，再次推出了精装本。同步出版的《钟敬文文选》（责编俞国林）和《北师大民俗学论丛》（责编罗华彤），也都与这次纪念钟先生的大规模学术活动有关。

说说罗华彤。我们原本不认识，交给他的《北师大民俗学论丛》一书，是北京师范大学民俗学国家重点学科与《北京师范大学学报》合作创办"民俗学专栏"二十年用稿精选，钟先生主持，学报主编潘国琪鼎力促成。自1991年至2011年，共发表文章99篇，逾80万字，全面反映了钟先生在改革开放后无私忘我地建设高校民俗学学科的历程。钟先生为此发表了一批文章，产生了重要的学术影响。他还邀请季羡林先生和张岱年先生等撰写专稿，推荐刊发外国知名学者的最新研究成果。它们对我国进入现代化和全球化时期需求民俗学教育程度有深刻的思考和超前的准备，在当时历史条件下体现出建立中国民俗学派的前瞻性。该书旨在保存和传承钟敬文民俗学高等教育思想遗产，文章又来自中外作者，对编辑要求很高，我就请胡友鸣推荐一位高手来做，他推荐了罗华彤。胡友鸣在推荐时说："罗华彤现在手头还有其他书在做，不会那么快，不能着急。"我特别信任胡友鸣，就没有提出见责编，直接将书稿交给胡友鸣代转。那几年我没有手机，更没有微信，打个电话到编辑部又嫌麻烦，从没打过电话，也不知道罗华彤进展到什么程度，也没催过。忽然有一天他来学校找我，拎着两个大袋子，校对的纸条贴得密密麻麻，我吓了一大跳，我这才知道他已经做了那么复杂细致的工作，最后书的水平无可挑剔。胡友鸣果然是对的，罗华彤是个好编辑。

二、《文史知识》纸媒情深

中华书局 20 世纪 80 年代的一大亮点是创办《文史知识》，杨牧之先生既是创办人，也是中华书局图书与期刊出版之间起平衡作用的灵魂人物。对于怎样办好《文史知识》，他不是靠行政指挥，而是靠学术文化代表性。他很早就出版了编辑学专著，为编辑部人员提供了文化理念和实践指南。他让一批批年轻人乐于随他共同追求，几十年下来初心不改。《文史知识》有很大的吸引力，与他密不可分。我在 90 年代成为这份期刊编委会的一员，虽很少跟他单独说话，但不等于没有学习的想法。

《文史知识》特殊性在哪里呢？还是要从它与作者的关系中去寻找答案。任何一本好杂志都有大家作者坐镇，中外皆然。北大的《歌谣》周刊和中大的《民俗》周刊也是有一批大家作者坐镇的。不过这两份杂志还有一个重要的历史特征需要指出，就是提出了大家作者与民众建立联系的学术命题。前辈还将这个命题付诸当时的白话文运动，要求写诗撰文都要明白如话，要能让读者看懂，乐于欣然接受。他们用这种新中文的内容和形式，投身中国新文化建设，作出了举世公认的历史贡献。《文史知识》是这种命题精神的秉烛者。不仅如此，创办人还将前辈编辑思想加以提炼，生成"大家写小文章"的新命题，走上继承与发展的成功之道。改革开放以后恢复学术文化研究的期刊杂志很多，高校学报和一些专业刊物尤为尽力，但能够提出"大家写小文章"的命题，又能真正延续这种与"五四"以来大家作者亲缘联系的杂志，唯有《文史知识》一家。钟先生是为《歌谣》周刊、《民俗》周刊和《文史知识》都写过稿件的作者。

前面提到的胡友鸣属于我们一代人，但他入行早，成名也早。早在 1981 年《文史知识》问世之初，他就被杨牧之先生看中，从北大古典文献专业直接选拔进编辑部，以后成为《文史知识》负责人。由于杨牧之先生和他的率先垂范，《文史知识》编辑部人员都将向作者上门约稿视为最高境界的文化仪礼，并一代代传承下去，形成编辑部的文化魅力。在我任钟先生助手期间，胡友鸣是来访最多的人之一。他总是彬彬有礼，学术认识深入，颇得钟先生的赏识。20世纪90年代中期以后，《文史知识》决定创办"民俗学"专栏。为此，他两次来我家，一个细节一个细节地具体讨论，把栏目名称、作者对象、组稿方式、选题构思、学术分量、文笔风格和稿件校对等都定好。待文章一"出笼"，虽百花齐放，却皆有《文史知识》娓娓道来、平易近人的风格。有时稿子到了他手里，他觉得需要改就改几句，需要加便加一段，使稿件大为增色，他也不说，我事后看了暗暗叫绝。我始知《文史知识》的编辑是怎样唱主角，怎样有责任心，怎样出金点子，怎样付出专业情感和拼命投入的。1998年秋，北师大为钟先生举办九五大寿的祝寿会，钟先生知道他出身北大，就请他帮忙到中关园接送张岱年先生，他欣然领命，奔波于往来北大与北师大的轿车上。他还要在会议中间承担听会、撰稿和拍照等工作，未有丝毫耽搁。他是能与老中青编委都相处融洽的人。他品格诚实厚重，文笔又好，还多才多艺，为人也十分善良，大家都拥他为"兄"。

《文史知识》的特殊性来自纸媒时代。纸媒是人刊亲情的物质基础，人刊亲情是纸媒时代的高尚创造。《文史知识》是把纸媒时代的文化性格做到极致的，很多在不同程度上参与刊物工作的编委和编辑部人员都对此深有感触。《文史知识》创办三十年时出过一本书（《文史知识》编辑部编《〈文史知识〉三十年》，中华书局2012年版），书中收入许多编委与作者亲密相处的回忆文章，令人动容。还有一些编辑写如何向作者邀约稿件、共创栏目和构思文章题目的往事，过程和细节都交代得十分清楚，真实地记录并还原了这段历史。

忝列《文史知识》编委期间，中华书局为我出版了两

《文史知识》创刊四十周年座谈会合影

本书，一本是《说话的文化》（责编吕玉华），一本是《穿越文化层》（责编陈若一）。《穿越文化层》的出版得益于时任中华书局总经理李岩的好意。他在调往中国出版集团之前，为《文史知识》的每位编委出本书，不忘延续中华书局与作者保持友谊的好传统。对我而言，还有另一层感动，就是把中华书局与民俗学出版工作的关系再凿实。这些都是值得我永远铭记的。

（作者系北京师范大学教授）

弘扬中华文化，传承中华精神

卢盛江

要写中华书局，对我来说，第一个要写的当然是尊敬的傅璇琮先生。1989 年 6 月，傅先生和陈贻焮先生、张少康先生从北京来天津参加我的博士论文答辩，傅先生是答辩主席。特别是后来提携、指导我做《文镜秘府论》。我一直在想，傅先生为什么那样信任我，一个字没写，中华书局就和我签了出版合同？傅先生和我的老师罗宗强先生的交谊应该是一个原因。事前，我曾希望罗先生给傅先生作个推荐。罗先生回复说，他经过反复考虑，还是不作推荐，听从傅先生安排为好。我深深理解他们挚友间绝不想让对方有任何为难的相互信任情愫，但傅先生那样尽全力提携我，当然在很大程度因为我是罗先生的开山弟子。我相信人是有缘分的。傅先生提携过很多人，但我觉得他对我有特别的偏爱。2010 年在南开大学召开中国唐代文学学会第十五届年会，会前会后，傅先生几次主动挽着我的手同行，就可以感受到这一点。

当然，我以为更主要的是学术。傅先生说，他在美国时，读过小西甚一的《文镜秘府论考》，觉得很有价值。傅先生是不做文论的，他何以关注《文镜秘府论》的研究？我想是因为他关注天下学术。傅先生为我规划蓝图，提出一定要整理出一部高水平的书，从自己研究的角度，充分吸收现有成果，写成一个总结性的东西、长编性的东西，让日本人以后研究《文镜秘府论》，也要到中国来看这本书。后来我因此做成一个整理稿、一个研究稿、一个供一般研究者用的本子。我由此深切体会到，傅先生真是学术的总设计师，他心里装着的是天下学术。我的整理本出版后，第一时间将书送呈傅先生，并请傅先生和中华书局其他几位先生小聚。这时我看到傅先生非常开心，笑得像小孩一样，还小喝了点酒，比他自己出了书还高兴。我感受到的是一位学术大师的襟怀，他为天下学术每一步切实的发展而由衷高兴。

我对傅先生深深地感恩。但是傅先生对我们除了学术，别无所求。我们去北京丰台太平桥傅先生府上看望他，总想为他做点什么，他总是不让。他生病住院，我们到医院看望，不一会儿，他就赶我们走，"没事了，你们走吧！"他一心想着别人，愿意为别人默默付出，却总是担心给别人添麻烦。

我愿意把傅璇琮先生看作中华书局的代表——心里装着天下学术，为天下学术默默奉献，却并不索取——我愿意把这看作是中华书局的精神。

还要写到许逸民先生和徐俊先生。许逸民先生，人称中华"四君子"之一。我做《文镜秘府论》，本来跟许逸民先生没关系，不知怎么，我想到向他请教，做了一点样稿，送呈许先生。许先生看过，说："不行。"我心里嘀咕："不至于吧？"许先生却不理会我，指着样稿一点一点讲："这个要删去，删去才清楚。""这样写，到后面就乱了。"他给我看他写的《古籍校点释例》，又另起炉灶，亲自动手为我写了几页校稿，寄到天津。果然清晰。我一下明白，做整理和写论文不同，它需要用极简洁、极明了、极规范的体例格式，表达最准确、最丰富的内容。有一点是后来我才明白的：交往并不多，许先生为什么花那样的精力帮我？他对古籍整理，对中华书局情有独钟，看到不规范的，忍不住就要纠正，中华书局出的东西，他忍不住就要把关。当然，他也爱护年轻人，希望年轻人在古籍整理上能接班。

徐俊先生先是文学编辑室主任，后是副总编辑、总编辑、总经理。1999 年，傅先生赴台湾讲学，把《文镜秘府论》的事托付给徐俊先生。果然如傅先生所说的，徐俊先生为人忠厚正直，业务精熟，可以信赖。徐俊先生把一切安排得妥妥当当，我却没有主动走近，只是心安理得似的接受安排，现在想来，那时的我居然连一句感谢的话也没有说过，但徐俊先生却毫不介意。

中华书局我所认识的，还有顾青先生。2006年版《文镜秘府论汇校汇考》的责任编辑，最先安排的是冷卫国先生，冷卫国先生调离后，是张文强先生负责。后来文学编辑室主任是俞国林先生。2015年版《文镜秘府论汇校汇考》（修订本）的责任编辑是马婧女士。2019年《文镜秘府论校笺》的责任编辑是马婧女士和李若彬女士。2019年我在中华书局还出了《集部通论》，责任编辑是王传龙先生。后来我做唐诗之路，"唐诗之路研究丛书"也在中华书局出，其中有我的《浙东唐诗之路唐诗全编》，编辑室主任是罗华彤先生，责任编辑是余瑾女士。

工作进程是愉快的，我也深感中华书局同人的高水平。徐俊先生和俞国林先生都有专著，徐俊先生的敦煌学研究在学界声望和影响尤高。其他老师，我能真切感受到的是编辑水平非常高。自以为做得很好、很细致的稿子，到了编辑手里，总能发现一大堆问题，体例不规范、错字、引文讹误、作家生卒年不准确，等等。

中华书局的编辑严谨、细致、认真。2006年版《文镜秘府论汇校汇考》，一校我用了九个月，张文强先生用了六个月；二校我用了六个月，张文强先生用了三个月；三校我用了三个月，张文强先生又用了几个月。2015年版《文镜秘府论汇校汇考》修订本和《文镜秘府论校笺》，马婧女士也花了极大功夫。需要核实的词语清单，马婧女士足足列出十四张纸。修订，用了一年时间；校对，也整整用了一年半时间。

中华书局的编辑敬业、谦和、朴实，淡泊名利。张文强先生和我联系，总是非常谦恭。"您意下如何，请告知。麻烦了，谢谢。""您以为可否，望示下。""请您斟酌。""请您定夺。""我不大懂，如方便您给我个解释好吗？"夜以继日，连春节也在忙校稿。我很过意不去，他回信："至于我，节不节的无所谓，那主要是给老人和孩子过的，您是否也如此呢？"我太太说："张先生太辛苦了。"他回信："幸好和您合作非常愉快，也自有一番乐趣，我们本来就是念书的，说不上辛苦。"我表示要感谢他。他说："这是编辑应该做的。我们文人之交淡如水吧。"坚决不要我的感谢之礼。后来见面了，他说："我觉得做编辑挺好的，每编一本书，都可以跟着读很多书，学很多东西。钱？够用了就可以了。做编辑挺好的。"在做《文镜秘府论汇校汇考》修订本时，因为排版厂使用不同级别的排版软件，出现很多问题。发现问题后，马婧女士专门追查各个校次，并找排版厂负责人了解情况。因为错得太多，而且错得离奇，所以校得十分费力。我们互相鼓励，马婧女士来信："留给学界可靠的东西是咱们的共同心愿。"一个一个问题核实、推敲，一封又一封邮件，同样没有计较得失。余瑾女士编《浙东唐诗之路唐诗全编》，同样非常严谨细致。我佩服她怎么能那么敏锐地发现错误，能否有所指教，她只轻轻地说一句："庖丁解牛罢了。"我开玩笑说："编得这么仔细，可以拿奖了吧？"她同样说得很轻松："不过凭良心做事而已。"

我这里写了很多普通的编辑。我以为，通过普通的编辑，更能看出一家出版社的状态。中华书局是我们心目中的学术圣地。中华书局和国内很多出版社，所做的都是传承、弘扬中华民族传统文化的工作，这是一份十分神圣的工作。我们这一代学人，都是读着中华书局出的书进入学术领地的。中华书局在一百多年的历史上，能出那么多好经典的好书，首先在于中华文化有太多的经典，其次在于我们有一批有志于学术的很好的作者，还有重要的一点就在于中华书局有一批又一批很有学术水平和编辑水平，敬业严谨的编辑。有人才有书。中华书局不仅出了很多好书，很多年轻学人还得到中华书局的提携、培养，我本人就是如此。有傅璇琮先生这样的学术大师，正是中华的代表和骄傲。从傅璇琮等先生身上，我看到一种以天下学术为己任的责任意识和担当精神；从一代一代普通编辑身上，我看到高水平，看到严谨敬业，看到淡泊名利、默默无闻的奉献。我愿把这些看作代代相传的中华精神。在社会和学界的浮躁风气之下，我们需要一块净土。希望中华书局永远是学界所期望的一块净土，希望中华精神一代一代传承下去。

（作者系南开大学教授）

十八部书的幕后故事

方向东

中华书局成立 110 周年华诞，朱立峰主任相告，希望我写点文字。

与中华书局的交往，是从书开始的。大学期间，最早读的书是中华书局版王力先生主编的《古代汉语》，后来买了很多中华书局出版的书，如点校本"二十四史"、

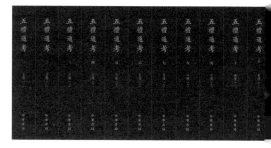

五礼通考

"新编诸子集成"、"历代史料笔记丛刊"等等。最值得说的是 1980 年影印的《十三经注疏》。那是 1985 年读硕期间,妻子和我准备去拍结婚照,在南京新街口一家书店里,发现有一套 1983 年第 3 次印刷的《十三经注疏》,定价是 34 元,当时结婚照相当于一部《十三经注疏》的价钱,买下这套书结婚照就没有拍成,以致妻子多年后还唠叨此事。可对我来说,这部书比结婚照意义重大,它陪伴我几十年的读书生涯,帮我完成阮刻《十三经注疏》的重新点校。

我们以前所了解的中华书局,高手如林,学者型编辑很多,如王文锦先生,就是我们钱玄先生经常赞誉的,他点校的《周礼正义》以及参与点校的《通典》,都是传世之作。当时,他与杭州大学的沈文倬先生、南京师范大学的钱玄先生,被誉为中国礼学的"三驾马车"。《周礼正义》和《通典》都是我经常使用的书:《周礼正义》帮我完成了博士论文《孙诒让训诂研究》,《通典》帮我完成了《五礼通考》的点校。可惜我无缘拜见王先生,因为我仅去过中华书局很少次。记得第一次是读硕期间,当时我做贾谊《新书》集解,去中华书局询问能否列入"新编诸子集成"系列,当时他们告诉我已经约稿(就是后来出版的阎振益、钟夏合撰的

《新书校注》），我的书只好在河海大学出版社出了。第二次是因出版《大戴礼记汇校集解》去的，书稿由张力伟先生经手，洪涛、赵伏编辑，记得张力伟先生还约了几位编辑请我酒聚了一下。第三次是点校本《史记》修订本新书发布会。第四次是宋云彬古籍整理奖颁奖。还有一次与王锷一道为《五礼通考》的事去中华书局，记得徐俊先生专门为我点了酒的，还有俞国林、徐真真几位在。沈文倬先生我见过几次，还到他家去拜访过，当得知我是钱玄先生的弟子在做礼学时，他非常高兴。他当时在为中华书局点校胡培翚的《仪礼正义》，好像到现在还未出。

我很感恩中华书局，因为我的书大都在中华书局出版。如果《十三经注疏》算十三部的话，加上《大戴礼记汇校集解》《孙诒让训诂研究》《新书全注全译》《五礼通考》，我在中华书局一共出了十七部，再加上我参与的点校本《史记》修订本，则是十八部。其中很多编辑虽未谋面，但他们的水平和认真辛劳的工作令我难忘。参与《五礼通考》编校的徐真真、石玉、王娟，多年来为《五礼通考》的出版付出了很多，该书获第五届中国出版政府奖，也是对他们辛勤劳动的肯定。参与《十三经注疏》编校的石玉、邹旭、聂丽娟、徐真真、王娟、许庆江、张芃、朱立峰，为保证按时出版同样付出了很多，发现了不少我忽略或遗漏的问题，使书稿的质量得到提高。当然，毕竟每名编辑水平和经验存在差异，对繁简字的处理也有不同的看法，可能各经的处理不能完全一致，只能是大体统一，也是美中不足。希望读者发现问题不吝指教，以待将来订正。

这些编辑中，我仅认识徐真真和石玉。与徐真真认识是在杭州中国美术学院，《五礼通考》当时是与张继海先生洽谈的，后来经徐俊先生同意由徐真真接手的，《十三经注疏》也是与她签订的合同。仅《五礼通考》，徐真真前期发来的邮件就有五十多封，后来通过微信交流校样问题更是不计其数，每日问题不断，有时处理都来不及。石玉来过南京，有过一次酒聚。《十三经注疏》经石玉编辑的书稿，前后经历了三次校样，《仪礼》甚至有四次。对于反映我们之间交流和编辑的工作情况，石玉的一封邮件颇具代表性，特附如下：

尊敬的方老师：

您好！我于今天，将《十三经注疏》点校本中的《周易》《论语》两个品种寄给您了，用的是申通快递，敬请留意查收。

现将具体情况汇报如下，供您参考：

一、所寄材料，包括两个品种的初校样和二校样，初校样是我的编辑加工稿，我所有改动，在初校样上都能够显示出来。二校样是根据初校样改定的清样。您审定时，凡改动，请用红笔改在二校样上。如有疑问需要做旁批，也请写在二校样上。也就是说，初校样只是供您参考使用，最后需要您原貌寄还给我们。

二、《周易注疏》干卦前二十页，在寄给您之前，我对照点石斋本和南昌府学本通校了一下，写了一些批语，这些您可以不必理会。六十四卦是否加书名线，此前我们曾有过沟通，您觉得八卦应该加上，其余泛称则不加。但就实际情况看，非常难于区分两种用法，目前的稿子，尺度仍不准确，与其这样，我们建议，凡卦名，在各种情况下，都不加专名线。我局的"易学典籍选刊"近期品种即都如此处理。我在校对干卦时，已经将发现的删掉了，后面请据以处理。

三、之前曾沟通过，阮元《校勘记》的问题比较多，我在做编辑加工时，已经改了不少地方，但问题应该仍有不少，请您格外措意，尤其引述文字，请覆核原书，确认引号起止位置。

四、校勘方面，敬请再严格把关一次，比如出校是否得当、全经出校原则是否一致、各个版本的情况是否反映到了校记中、有无漏校等等，在此基础上，请最终再确认一遍点石斋本是否是差错最少的版本。这一点非常重要，等您对版本做了最终确认后，其他各经的工作，才能顺利开展。

五、《周易注疏》的校记，多是据南宋刊本给出来的。恰好，在同时期，我手里正在处理《宋本周易注疏》整理稿，故利用工作之便，我将宋本与您的整理稿做了通校，校出了不少异文，用铅笔写在了初校样上下边空位置，请您结合阮校系统内部的各个校本，确认一下这些异文有无需要出校的地方。我的通校不是非常仔细，漏校肯定不少。

六、目前的前言及凡例，不太妥当，需要重写。因为各经情况不可能完全相同，比如《周易注疏》的南宋刊本，在目前的凡例中就不好体现出来，故建议每经针对自身情况单出凡例。古籍整理惯例性的做法无需在凡例中说明。目前的丛书前言，此前已经跟您汇报过，用具体数值说明各版本优劣，容易因统计不够准确而授人以柄，不太妥当，故版本介绍需要重写。这个无需太过详细，简明扼要即可。于版本之外，我们觉得，还应比较详细地说明每经的整理情况，如目前已经做了哪些工作，尚遗留了哪些地方做得不够到位，从而让读者通过前言，能够了解我们这套书的准确定位，在使用过程中，遇到相关问题，知道并非疏忽所致，而是我们的整理目标就是如此，做不到面面俱到，所以，我们建议，每个经各写一个独立的前言，丛书信息在各经前言的第一部分介绍即可。

以上几点，是根据目前发现的问题，经局领导

与编辑反复论证后总结出来的，并非只是我个人意见。敬请斟酌考虑。期待佳音。即颂

撰安

石玉　敬呈　2018 年 11 月 21 日

值得一说的还有书局对我们意见的采纳。记得 2007 年元月，顾青先生来南京师范大学与我们座谈，在他的支持下，我们古文献专业出版了专业丛刊，有王锷的《礼记成书考》、刘立志的《汉代诗经学史论》、杨新勋的《宋代疑经研究》，还有我的《孙诒让训诂研究》。这些都扩大了我们专业在学界的影响，以致台湾中研院林庆彰先生有"大陆经学在南师"的说法。记得我与顾青先生提议，中华书局出版要开辟经学专线，多出经学方面的书，后来我也与徐俊先生提议，他们听取了我的意见，以致支持我重新点校《十三经注疏》并投入人力物力出版。当时《十三经注疏》初稿用点石斋本作底本，中华书局在我的提议下还买了一套点石斋本《十三经注疏》，经过编辑的校对和调查，发现点石斋本出现了不少刊刻错误，点石斋本在阮刻版本系列中影响没有道光本大，以致最终还是决定用道光本作底本。

记得徐复和钱玄二位先生的书，多在上海古籍和原江苏古籍两家出版社出。我曾问过徐先生为什么不在中华书局出，他说中华书局出书太慢。我想老先生可能因为年迈，怕见不到书的出版。中华书局是老牌，是大牌，书稿

很多，以前出版条件没有今天优越，出书速度慢也是情理之中的事。《五礼通考》从交稿到出版，经历了十二年，主要还是因为书稿内容复杂；《十三经注疏》虽然中途改换底本，但还是按时出版。如今中华书局出版的书，相比于其他出版社的书，价格没有那么高，而装帧、版式设计都能使读者产生愉悦。出书的能否为读书的考虑，更好地服务于读者，是读者衡量出版社的一杆秤。喜欢中华书局出的书，是我的心里话。

作者和出版社作为矛盾的双方，难免存在利益的纠葛和观点的分歧，当学术评价体系与古籍整理成果冲突、劳动价值与付出不成正比的时候，我也曾心生怨意，和徐俊先生交流过心声，徐俊先生也向我表达过苦衷，最终达到相互理解。古籍整理和古籍出版是紧密连成一体的，追求高质量是作者与出版社的共同目标，需要双方共同努力。

（作者系南京师范大学教授）

人・书・情：我与中华书局

罗时进

　　学者的成长其实是离不开出版单位的。我大约与海内外十多家出版社有过交往，中华书局并不是我出版著作最多的一家，但与中华书局人的过从，在中华书局出版著作的过程，所产生的感情，在我却视为生命中的重要印记，也是最珍贵的精神财富之一。

　　我是 1950 年代生人，虽然是读着中华书局的书籍成长的，但与这个"文化巨族"近距离接触是 20 世纪 80 年代后期、90 年代初的事。当时参加唐代文学的一些学术会议，先得与傅璇琮、许逸民两位先生拜识。傅先生德高望重而待后学甚为亲切，记得初见时他说的就是一句话："你就是罗时进，知道的。"其声不朗，其语温雅。许先生是著名学者，极平易近人。参加会议时他如先到，总是在下榻的宾馆前帮助接待陆续到达的学者，热情招呼。记得第二次开会时，他也是先到的，我稍后抵达，刚下车他老熟人般招呼后竟帮我一起拿行李到报到处，真让我大生惭愧，何以承受！还有一件事，令我印象很深。有次会议他评点一位学者的论文，读到文章中一句话，突然停顿下来，然后很认真地抱歉道："这个字，意思知道，读音有印象，但说不准，容我跳过。"是一个极生僻的字，将他卡住了。这是学者常会碰到的事。见他那样认真、坦率作说明，颇能感到一位编辑家兼学者的严谨。

中国唐代文学学会会议，中华书局参加的还有徐俊、俞国林、罗华彤等先生，我们逐渐都成了至交、朋友。徐俊先生学问远在我之上，尤其研究敦煌学，惠我甚多，我一直以兄长事之。我们一起在中国唐代文学学会担任一些工作，他既是学问家，又是富有经验的管理者，虽然因工作繁忙，学会会议他"偶尔缺席，经常迟到"，但凡一到，擘画事宜，意见无不妥洽，疑碍往往冰释。他的工作效率亦给我极深印象。记得一次一起到复旦大学参加陈尚君先生一个古籍整理项目的结项鉴定会，一天时间他在光华楼上下进出，拜访了中华书局几个重大项目承担单位主持专家，会议刚结束即赴中华书局上海编辑所商量事务，其敬业如此。

这些年，一直与中华书局出版家、编辑、学者保持交往，其中有常请益之师，有常交游之友。我主持国家社科基金重大项目，邀请俞国林先生和朱兆虎兄参加研究，皆慨然应允，倾心尽力。常年接触，邮简翰墨往还之际每生惊异：中华人的书法怎么个个了得！这也许就是文化底蕴和长期熏陶的结果了。我想，如果趁110周年纪念之机或以后适当的时候，出版一本《百年中华书局编辑家法书集》，定有其审美价值和文化价值。

我在中华书局出版的著作其实寥寥。第一本是《丁卯集笺证》，那是国林先生多年前给我来信，询问是否可以将许浑集整理本交由中华书局出版，作为"中国古典文学基本丛书"之一种。这对我当然是极为乐意之事，了解到原江西人民出版社版权期限已至，便很快与之签订了出版协议。只是当时冗杂缠身，很难完全按照这套丛书的基本体例彻底重编，询问是否可以大致保持原有样式，得到允许后花数月工夫修订交稿。他们接稿后认真审读，精心编校、顺利出版。前年告知，书已售罄，嘱修订再版。这些年我个人和学界关于许浑研究都有新的进展，这对我是个再次修订增补的机会。此次稍得从容，累月修改，增删若干，时间拖宕，编辑部诸位皆予宽容。此事因我的原因后来又生周折，那是收到修订本清样后，通看一过，仍感到不满意，便希望容我在清样基础上再改一遍，竟得慨允。如此又进行一番删削、增补和部分校订，这一来又是数月时间。此事让我感到中华书局对作者的尊重，更重要的是学术质量第一，始终是他们的追求和坚持。

另一本可提及的即《文学社会学：明清诗文研究的问

题与视角》。这是我多年从特定角度研究明清诗文的成果，自以为有一番心血在，便联系国林先生拟在中华书局出版。国林先生接到书稿后即与徐俊先生商量，决定抓紧出版。此书中华书局精编精校，编目原极简略，经编辑后显示出每篇下的章节目录，内容清晰，甚便阅读。装帧尤其考究，乃綦契我心的那种简约之美。此书甫出，学界即有不错的反响，后荣获江苏省第十五届哲学社会科学优秀成果奖一等奖和教育部第八届高等学校科学研究优秀成果奖（人文社会科学）一等奖，又经评审列为 2021 年度国家社科基金"中华学术外译项目"。中华书局接受此书并付出许多智慧和辛勤劳动，是我深深铭感的。

时光如梭，我与中华书局的交往延续三十多年了。每次去北京太平桥西里 38 号楼，都感到历史文化的厚重；在中华书局楼上编辑室小坐，都感到浓厚的书卷气息。每次去中华书局宿舍大院，在傅璇琮等先生家中，总感到前辈对后学的提携爱护之情。中华书局与我的学术生涯有着深刻的连接，勖我助我，以一种文化的力量和学术的情怀推动我前行。在此，匆作小文，向中华书局的历史致敬，为中华书局的未来祝福！

（作者系苏州大学教授）

我与中华书局

—— 我在《文史知识》的发稿经历

张国刚

1982 年秋季，我在南开大学历史系研究生毕业留校，是中国古代史教研室最年轻的助教。中国古代史教研室气氛非常和谐，王玉哲、杨志玖、杨翼骧先生，都是谦谦君子，温润如玉。教研室主任、副主任是刘泽华老师和冯尔康老师，也都奖励后进。我是教研室助理，主要任务是买书，我乐此不疲。

有一天，冯老师对我说："中华书局《文史知识》'人物春秋'专栏约稿，你能不能写几篇？"我很高兴就答应了。这就是后来发表在《文史知识》1983 年第 8 期《唐玄宗的道路》、1984 年第 8 期《中兴贤相裴度》两篇文章。

那个时候，我已经在《中国史研究》《历史研究》《文史》等杂志上发表过长篇文章了。但是，给《文史知识》

写文章与此不一样，要求是专业学者写大众阅读的文章。两点综合在一起，就是不能太专业，也不能太俚俗。后来冯老师告诉我说，编辑部认可我写的稿子，给我很大的鼓励。中华书局对于年轻初学的培养、支持与激励，也可以从这一点小事上看出来。

1985 年以后，在杨志玖先生指导下，我又为《文史知识》撰写了"隋唐五代官制讲座"的连载。这个连载有一些难度，因为制度史内容要写通俗，不好写。后来结集出书的《中国历代官制讲座》（杨志玖主编），据说读者反映有些文章不够通俗。可是，我当时有一个基础条件，这就是此前我在杨先生指导下，给《中国历史大辞典·隋唐五代卷》撰写了大约 10 万字的词条，隋唐五代段的官制词条绝大部分都是我在先生的指导下撰写的。杨先生的文章行文平实，明白晓易（《南开学报》编辑谢载刚说我的这个看法准确），这样的文章风格也正是辞典之类工具书所需要的。杨先生在这方面给了我很多指点。后来我又在胡戟先生鼓励下，给三秦出版社写了一本《唐代官制》，就是这段写作的副产品了。

当然，撰写连载与单篇文章还是不一样的。连载的文章需要有统一的谋篇布局。隋唐五代官制，这个主题相对单一，各篇之间的结构容易把握。有些连载就不一样了。

1989—1998 年间，除了中间短暂回国外，作为洪堡学者（Humboldt-Stipendiat）和大学教授，我在联邦德国工作了很多年。《文史知识》编辑室主任、著名敦煌学家柴剑虹先生，一度因为搜集海外敦煌吐鲁番资料的工作，与我联系比较多。他陪中华书局领导来欧洲出差，我还曾邀请他在特里尔大学做过演讲。当时，我在德国大学开了一门"中外关系史"的课程，涉及西方汉学的内容，他鼓励我写一个连载，我就动了心。这完全是一个新的领域。中文世界除了港台地区一两篇关于20世纪50年代大学汉学系的介绍文字外，几乎没有任何资料。这就需要构建一个"德国汉学史"。好在德国本土找资料相对容易，于是，图书馆、旧书店（有些书就是旧书店找到的）、学术杂志上的Nachruf（悼词、讣告）以及附录的学者发表目录，学生对于老师的悼念文章，傅海波（福赫伯）撰写的《德国大学的汉学》（Sinologie an Deutschen Universitaeten）小册子，就成为最现成的资料和线索。这是我阅读德文资料最多的时候。因此，就成就了1992—1993年间我在《文史知识》上的另一个连载，"德国的汉学研究"，大约占了十多期的篇幅，后来还出版成书。有一次，波鸿大学马汉茂教授（Prof. Dr. Helmut Martin）笑着对我说："这样的书应该由德国人编写。"

此后，我大约有二十年没有给《文史知识》写文章了。21世纪以来，第一篇文章是《文史知识》编辑的约稿，《宏观视野下的丝绸之路》，刊于2015年第8期。与这个主题相关，时任编辑部主任的刘淑丽博士（现在是北京语言大学教授），又特地来清华大学面谈，约我写"一带一路上的中西交流"的连载。从 2018 年 1 月开始，大约有二十期。这些文章，经过大幅度的增补和修订，就成就了另一本书《文明的边疆：从远古到近世》（中信出版集团，2020；繁体字版，香港中和出版社，2021）。与我在三联书店出版的《胡天汉月映西洋：丝路沧桑三千年》不同，后者的主要稿子来自《南风窗》的连载，是给更广大的读者群撰写的，行文更通俗大众一些。《文史知识》的读者需要站在学术前沿上的通俗化，要求有新意，行文还得持之有故，风格也要显得"学术"一点。

一般读者不知道，《文史知识》编辑部还负责另外一个大众杂志《月读》，也是月刊。从 2014 年 2 月开始，一直到 2019 年 8 月，大约五年半的时间，我给该刊撰写了"《资治通鉴》讲座"，每月一篇，总共 60 多篇。非常感谢刘彤女士的约稿，感谢吴麒麟先生的督促和编辑，使我有勇气坚持写作五六年时间。这些稿子结集成书，就是《〈资治通鉴〉启示录》（全二册，中华书局，2019）。如今这本书已经是第五次印刷，累计印数近 5 万册。虽然发行量不算太大，但这本书其实也反映了《文史知识》文章的风格，给有一定读书品味的读者写作，摒弃"水煮历史"的文风。

林林总总加起来，将近四十年时间，我给《文史知识》编辑部（含《月读》），撰写了一百多篇文章。从隋唐史到西方汉学，从《资治通鉴》到中外关系，几乎伴随我整个学术生涯，先后与许多优秀的编辑和学者打交道。这些构成了我与中华书局关系的一个重要组成部分。刘进宝教授在他主编的《丝路文明》大型学术丛刊中，给我的《中西文化关系通史》（全二册，北京大学出版社，2020）亲自撰写了一篇书评，其中特别提到我给《文史知识》的许多写作（《丝路文明》第六辑，第251—252页）。很感激他的关注。其实，追溯起来，这些写作涉及到我个人学术成长所留下的一个心结。

我们这一代主要在"文革"期间完成中小学基础教育的读书人，大多有很丰富的自学经历。自学就得有适合自学的书。对我来说，有几部中华书局出版的通俗著作印象深刻。比如，吴晗主编的"中国历史小丛书"和合订本《中华活叶文选》。我中学是没有读过历史的，连课本都没有发过。但是，"中国历史小丛书"就是我的历史读物；"活叶文选"中的作品就是我的古文课。当然，难一点的还有郑天挺主编的"中国史学名著选"（特别是徐中舒的《左传选》、缪钺的《三国志选》）。读大学时又读到翦伯赞、郑天挺主编的《中国通史参考资料》（唐长孺主编的第三册和董家遵主编的第四册）。还有王力主编的《古代汉语》，特别是其中的"古汉语通论"，内容极其广博；"常用词"的解释，举例令人举一反三，读后豁然看朗。如果没有这些入门津梁，像我这样动乱中求学的读书人，是很难踏入文史领域的门槛的。我个人的成长，除了要感恩从小学以来的各位老师的辛勤教导之外，中华书局出版的这些书籍（当然也包括其他出版社的图书），就是我最好的学术导航。

2022 年正值中华书局创建 110 周年，《文史知识》编辑部赵晨昕博士约我写篇纪念文章，我就自己的这些经历写下如上文字，既表达祝贺与纪念之忱，也表达自己由衷的感激之意。

（作者系清华大学教授）

祝贺中华书局创建110周年

景蜀慧

一百多年来，中华书局出版了难以胜计的优质书籍刊物，衣被学林，嘉惠读者，为中华传统文化的普及发展繁荣作出巨大贡献，我自己也从中受益极深。现在回想起来，我最早读到中华书局出版的读物，可能叫做《中华活叶文选》。那还是在"文革"中，我十几岁时，当时学校停课，我们基本无书可读，后来不知道从哪里找到几本很残破的《中华活叶文选》，那上面选了许多传世的古文，还有相当详尽的注释，虽然半懂不懂，仍然看得津津有味。我的古文基础应该就是从那时建立的，而且潜移默化，使当时非常无知的我萌发了对中华传统文化的浓厚兴趣。后来恢复高考，我考入大学历史系，必读的文史古籍中相当大一部分是中华书局出版的。记得有位学问很好的老师，教我们怎样读书和买书，他说买书一定要买几十年

中华活叶文选

上百年不会过时的书，而中华书局出版的点校本"二十四史"、《资治通鉴》、"新编诸子集成"、"中国古典文学基本丛书"等等，无一不是可以传诸后世的典籍。毫不夸张地说，这几十年，我自己在专业领域成长的每一步，都有中华书局出版的这些学术经典的强大助力，它们堪称是我职业生涯和读书岁月中永远不离不弃的老师。

前段时间读徐俊先生的《翠微却顾集》，书中许多篇章提到中华书局"学者型编辑"优良传统，给我们展现了中华书局前辈以深厚的学养甘作嫁衣的精神风范，非常令人感佩。百年来，中华书局出版的古籍精品，在学术圈和广大读者中有口皆碑，和中华书局用这种传统建构起来的"内在职业品格"（徐俊语）密切相关。这一传统薪火相传，影响至今，我本人对此可以说深有体会。因为承担了点校本"二十四史"中南朝齐、梁、陈三书的修订任务，曾与中华书局有多年合作，在工作中，切身感受到中华书局在经典文献的整理和出版过程中的严谨和规范。编辑团队专业水平非常高，审稿严谨细致，指出的问题和提出的处理意见都极具学术水准，非常专业到位，对我们的修订工作有极大的帮助和促进。再加上严格的外审、校对等程序制度，层层把关，最大限度地保证了修订质量。修订本齐、梁、陈三书能够顺利出版问世，编辑组的各位新老编辑都是幕后英雄，功不可没。借此机会，也向他们道一声："感谢！"

苍苍谷中树，冬夏常如兹。谨祝愿中华书局这棵百年大树，在新的时代更加根深叶茂，繁花满枝。

（作者系中山大学教授）

庆贺中华书局创建110周年

方一新

　　中华书局喜迎创建110周年大庆，这不仅是中华书局各位同仁的节日，也是全体读书人的节日，非常值得庆贺！

　　我是中华书局的忠实读者，诸如点校本"二十四史"（尤其是前四史以及魏晋南北朝隋史书）、《全唐诗》、《全宋词》、《全上古三代秦汉三国六朝文》等一大批古籍，是我案头必备、常常翻检的著作，受惠良多。2005年，我的老师郭在贻先生《训诂学》在中华书局出版修订本，我为此写了"《训诂学》整理后记"。在我忝乏任浙江大学汉语史研究中心主任期间，我们中心在中华书局出过一套"浙江大学汉语史研究丛书"，包括《方言丛稿》《古汉语与古文献论丛》《汉语方言语音史研究与历史层次分析法》《汉语史史料学》《敦煌文献名物研究》《中古史书校证》

等多种著作，这些都是我和中华书局的缘分。

十年树木，百年树人。中华书局以"弘扬传统，守正出新"为己任，在弘扬传统文化、传承古代文明等方面做了大量工作，出版了大批优秀的古籍和相关研究著作，沾溉学林，功德无量。

值此中华书局创建110周年之际，谨祝中华书局事业蒸蒸日上，一如既往地多出好书，以飨读者；祝各位同人工作顺利，身体健康，阖家幸福！

（作者系浙江大学教授）

盛世中华日日新

——我与中华书局琐记

戴伟华

2022 年是中华书局创建 110 周年，我作小诗一首，并书写献礼：

> 一观沧海灿星汉，
>
> 盛世中华日日新。
>
> 有口皆碑功业著，
>
> 无言桃李自成春。

中华书局是出版界的丰碑，是一代代学者、编辑们努力奋斗的生命结晶。崇高是平凡的累积，硕果在岁月流逝中长成，中华书局的学者、编辑们在春风中、寒冬里，青灯之下，摊书校稿，追求卓越，无怨无悔，奉献一生。我作为读者与作者，与中华书局结缘数十载，回忆起来，心中满是感佩，愿将与中华书局联系的点滴记录下来，以表达我的敬意。

一、初识

我 77 级本科留校任教，1985 年在职读研。当时的学者较多关注方法论，在南京大学听课时，周勋初先生说："有方法当然好，但你要拿出成绩来，材料很重要，文献是研究的基础。"周先生还提及南京大学收藏的《千唐志斋藏志》拓本，语重心长地说："全国只有三本，十分珍贵！我在图书馆翻看，很受用，高适祖上的材料就在那儿发现的。"这句话对我的选题也有启示，要选一个实实在在，又可以利用新材料、具有新视角的题目。《论中唐边塞诗》的硕士学位论文题目，就是这样确定的。论文主要涉及两个方面，一是文人入幕和中唐边塞诗；二是中唐落蕃人的边地诗歌创作。这两个方面都与中华书局联系起来了。

一头扎进写论文，逢人便说论文事。研究中唐边塞诗的成果不多，董乃斌先生有一篇重要文章。一次与同事周恩珍老师聊起论文，他说："我和乃斌是复旦大学本科同学，可以介绍你认识。你去信请教时，我写一封信附在里面。"后来由董乃斌老师介绍，将我的《唐代幕府与文学》推荐列入"大文学史观丛书"，而傅璇琮先生正是丛书主编。傅先生为《唐方镇文僚佐考》作序也提到了这件事："我与戴伟华同志原不认识。1989 年下半年，在京的几位古典文学研究同行倡议编一套'大文学史观丛书'，并推选我担任主编。有位朋友介绍戴伟华同志的《唐代幕府与文学》，建议列入此套丛书。我一看题目，觉得与我过去在《唐代科举与文学》自序中所谈的相合，就很快决定列入这套丛书首批印行的五种之中，后即由现代出版社于1990年2月出版。自此之后，伟华同志即与我通信，彼此时常谈一些学问上的事情。"序文中傅先生说"原不认识"是实情，"有位朋友"即董先生，他是丛书编委。《唐代幕府与文学》出版后，时在中华书局任职的刘石先生受傅先生之托，撰文介绍（《唐代文学研究年鉴》1991年号）。对当时尚年轻的我来说，第一本著作便得到傅璇琮先生的看重，是莫大的鼓励。

而研究落蕃人诗（敦煌 P. 2555 写卷）则和中华书局柴剑虹先生有了联系，并得到柴先生指教。这也是我和中华书局的直接交往。认识柴先生是由我本科老师车锡伦先生介绍的。这里我节录 1987 年 5 月 27 日柴先生复信：

　　五月廿一日大札拜读，获悉您对敦煌 P. 2555 写卷甚有兴趣，且有进一步研究，十分高兴。前几年我曾涉猎一二，时间仓促，研究不深，只是抛砖引玉罢了，十分希望能有同道充分利用此卷材料，写出有价值的论文来。

　　我在新疆师大学报上发表的文章（《初探》），因该学报当时是试刊，未正式发行，所以后来又收入甘肃人民出版社出的《敦煌学论文集》（1985）中，不知您那里能否找到？若找不到，我可将师大学报寄一份（这几天我忙于发稿，得抽空找一下）。写那篇文章时，我也未看到 P. 2555 的全部照片，所以受局限很大，一些看法不准确，仅供您参考。1983 年，我又写了一篇讲 P. 2555 卷内容的文章，参加兰州的全国学术讨论会论文已收入论文集，至今尚未出版，我将原稿寄给您，供您参考，尤其是请您指正。该稿只留这一底稿，所以您用后仍请寄还给我。

……

柴先生当时在做《文史知识》的编辑，信中说"欢迎您有空为我们写稿"，我很兴奋，《文史知识》在我们心中地位崇高，也会向学生推荐，特别是当时在扬州师院工作的葛兆光先生在《文史知识》上发文，那是高山仰止啊！葛先生曾告诉我，将《唐代幕府与文学》列入丛书出版计划不容易，得到傅先生肯定，要认真珍惜和修改。我和葛先生同在一栋筒子楼，他宿舍双人床上床放满书，下床靠墙一边也放满书，而且堆得很高，他睡觉时如何翻身，会不会一不小心书就塌下来？他一周总要去图书馆还一大包书，又捧回一大包书，怎么看的？这些印象太深刻了。由于柴先生帮助，后来在《文史知识》发表《唐代幕府与文学》（1988 年第 10 期）和《"芥舟"新解》（1989 年第 8 期）。我心中的重要刊物给了我发表论文的机会，这对我是多么大的鼓舞！

二、书品

说到中华书局的刊物，那得感谢《书品》。《书品》推介过《唐代使府与文学研究》(《书品》1999 年第 1 辑)、《唐方镇文职僚佐考（修订本）》(2008 年第 2 辑)，而在中华书局出版的《地域文化与唐代诗歌》更是得到高度重视，《书品》在 2006 年第 3 辑 "书苑撷英" 做了介绍，2006 年第 4 辑又有专文推介。

这里我要说的是中华书局学者的著作对我的影响。我为傅璇琮先生、徐俊先生、俞国林先生写过书评，他们是中华书局的三代学人、三代出版家。

（一）傅璇琮先生

我的《唐代幕府与文学》的选题就得到过傅先生著作的启发。我对傅先生很崇拜，听不得别人有一点微词，有次在西安会上听到有位先生讲傅先生，我觉得是对傅先生的不尊重，就立即反击："傅先生的学术有目共睹，傅先生对年青人的扶持有口皆碑。"

我给傅先生多部大著写过书评。2004 年 10 月，傅先生 60 万字的《唐宋文史论丛及其他》由大象出版社出版。收到先生赐赠的大著，读后感慨万千。尽管知识分子很羡慕纯粹的学术境界，但现实多有纷扰，不是每个人都能达到。傅先生认为：有做学问的机会，就满足了生存的意义，而政治上的风起云落、人事上的升降沉浮，与学术相比，还是轻重分明的，"我由此有这样一种感受，就是我们做学问，确不必有什么政治牵挂之虞和世态炎凉之辱，真如我为《李德裕年谱》新版题记所立的标题：'一心为学，静观自得。'"能摆脱世俗之桎梏、坚持纯粹学术操守者，方能领略表里澄彻、静观自得的胜境。以纯粹的态度做学问，那就是以学术为最高利益，维护纯粹学术的名誉。"近二十年来虽已成果不少，但可开拓的领域还极多，这就要求我们真正下实实在在的功夫，不求近利，不沽虚名，这样作出来的，必能在时间历程上站得住脚跟，在学术进途上标出业绩。"他鼓励年青学者要敢于在学术上坚持真理，坚持纯粹学术之理念，"这是治学的一种正气，一种与虚假、作伪绝然对立的正派作风"。傅先生很少直接去批评学术界有碍纯粹学术的现象，但这种焦虑在以上所引用的话中就有所表现。

（二）徐俊先生

徐俊先生70万字的大著《敦煌诗集残卷辑考》是对敦煌文献的整理，因敦煌文献都是以写卷面貌出现的，其整理和编撰方式与一般的文献整理并不一样，具有独特性，而该书就是写本文献整理的典范。尤其可贵的是，该书不仅在体例上追求诗集的原始状态，而且始终注意考察与诗集相关的文学史问题。立足于整理敦煌诗集，同时又不断思考其所具有的性质以及文学史意义，因此，这部书就不仅仅是文学史料学的重要成果，而是寓理论探讨于考辨之中的文学史论著作。徐俊先生在《前言》部分表达了对文学史的深度思考：从文人结集的历史进程看，由于书写工具和雕版印刷的发明和应用，可以区别为"写本时代"和"刻本时代"，而敦煌诗歌写本则是典型的写本时代的遗物。在此，徐俊先生发表了许多精彩的意见，比如说："辗转传抄甚至口耳相传，是写本时代文学作品的主要传播形式，一般读者也总是以部分作品甚至单篇作品为单位来接触作家的创作，而不可能像刻本时代的读者那样，可以通过'别集''全集'的形式去了解作家作品的。"我们在讨论作家群体形成、作家之间的交流和影响时，应充分理解和吸收徐俊先生的观点。

（三）俞国林先生

俞国林先生《吕留良诗笺释》，皇皇三册，蔚然大观，读后深受启发。其书之优长，可概括而言之：首先，搜罗众本，去重辑佚，洵为目前收集吕留良诗歌最为完善的著作；其次，以时代编次作品，对每首诗的写作时间详加考证，甚至精确到日，知人论世，裨益非鲜；复次，体例改善，于常规的校记、笺释之外，又增加有"资料"一项，备收与本诗相关的墓志、碑传、序跋、唱和、题署等文献，为读者提供学习研究之便利，兼具文学与史学的双重功能，文史互证，可为别集整理的新范式。

以上述三位为代表的中华书局编辑们学养深厚，严谨认真，以书为乐，以学问为乐，不管是做书还是著书，都以纯粹的姿态为之。他们的著述往往是该领域有标志性的研究成果，从而树立起学界的标杆。

三、投稿

张志和《渔歌》文，我曾投《文史》，很快被退稿，理由是格式不符刊物要求，论证不够严谨。我欣然接受退稿，补充了日本文献材料，还原出唱和原貌。《渔歌》唱和初式结句第五字有一固定字，这由《经国集》载诸人《渔歌》唱和所证明，说明《渔歌》五首是唱和产物。又补充了苏轼与黄庭坚的"渔父"创作，以证明张志和只有"西塞山边"一首。《中日文献互证的理路和方法——张志和止作〈渔歌〉一首考》为题的论文在《学术研究》发表，引起很大反响。正是在《文史》编辑所提意见的基础上不断修改、完善，才使论文以现在的面貌出现。

《地域文化与唐代诗歌》被中华书局录用，2006年出版。责编张耕先生助力很多，又撰写短文在《书品》2006年第3辑"书苑撷英"推介。最近此书作了修订，加上3万字自序，被列入"唐诗之路研究"丛书，要在中华书局以《地域文化与唐诗之路》之名出版，责任编辑余瑾博士认真得甚至有点严苛，她对我说："提醒一句，不要因为此书曾在书局出过一版而大意。"看到寄来的校样上满满的批注，实在惭愧！我不敢稍懈，断续花了四个月的时间校稿。不敢说完全校净，但相信会以新的面貌问世。

四、墨迹

我有一点收藏的爱好。因向傅璇琮先生书信请教较多，保存了多封傅先生的信札。其实，我一直希望得到傅先生的毛笔字墨宝，但终成遗憾。庆幸的是傅先生为《唐方镇文职僚佐考》作序是手写本而不是复印件，中华书局300字稿纸，整整10页。其中涂抹之处，足见先生严肃认真，推敲改定。

程毅中先生是我博士论文的通讯评审专家。论文得到程先生的表扬，他指出论文题目应改为《唐代使府与文学关系研究》，我意识到程先生要求加上"关系"二字，内涵深刻。我在完成其他课题时，总不由自主地想到程先生"关系"二字。看到评阅书上程先生的字极好，总是等待机会向程先生求一幅字。

我曾向赵守俨先生求过字。收到《唐代幕府与文学》时，封面题字是赵守俨先生的，又心生贪念，向赵先生去信，婉转说明自己非常想拥有赵先生的字做纪念。赵先生1990年6月9日复信说："我一向疏懒，殊少握管，因此写一两个书签，尚可勉强应付，写条幅则难免露出马脚。容稍稍熟悉一段时间，必尝报命，绝非推脱，至希见谅。"

徐俊先生是书法名家。1995年9月我入王小盾老师门下读博士，10月底王老师组织一场小型报告会，徐俊先生作了《敦煌诗歌整理和唐诗写本》的报告。他有一句话我至今不忘："任先生的《敦煌歌辞总编》补遗你们为什么不做？你们有条件也有责任啊！""责任"二字，我也会时时想起。我收藏徐俊先生的第一幅字，其实是一封类似便笺的信，写于2004年4月13日。因我办唐代文学年会，他未能及时填回执，催了一次。他回复的信，连标点符号在内计84个字符，其中有一误笔"似情况"，可见徐俊先生确实很忙。等到11月到广州开会，在我家中请他改为"视情况"，供我收藏，我很珍惜。近年徐先生更忙，但还是为我题写了书斋名。

一个多世纪以来，中华书局的学者、编辑代代传承，坚守职责，赓续中华文脉，功莫大焉。很多学人包括我自己，都是在中华书局的扶持、帮助和见证下成长起来的。我的学术生命，与中华书局交融在一起。祝愿中华书局日日新，又日新，再创辉煌！

（作者系广州大学教授）

好书出中华

王兆鹏

江湖上流传两种说法，一是"读书在北大，出书在中华"，一是"不在中华出本书，不好意思称学者"，都是说当今学者以在中华书局出书为荣，中华书局出版的著作是学者身份的标志、行走学界的名片。

一、好书出中华

中华书局能形成这样的口碑，当然是因为"好书出中华，中华出好书"。中华书局走过 110 年的历程，究竟出版了多少好书、多少学者在中华书局出过书，我没有完整的统计数据，只有中华书局出版的古代文学研究（含整理）著作目录。我们收集了 20 世纪以来海内外出版的 3 万多种中国古代文学研究（含整理）著作目录，其中由中华书局出版的有 1511 种，总量位居第一；上海古籍出版社以 1313 种名列第二。古籍出版界一向是"北中华，南上古"并称，数据印证了这一基本格局。数据还显示，中华书局、上海古籍出版社、商务印书馆、人民文学出版社、中国社会科学出版社，是 20 世纪以来出版中国古代文学研究著作最多的"五朵金花"。

现当代学者中，有 1000 多人在中华书局出版过古代文学研究的著述。如果按二十年一个世代来划分，20 世纪出生的五代学人，每代都有知名学者在中华书局出过书。这里只列出部分名单，以见一斑：

第一代学者（1919 年之前出生。以出生年龄为序）：梁启超、高步瀛、谢无量、刘永济、朱东润、于省吾、游国恩、夏承焘、阿英、唐圭璋、程俊英、龙榆生、陈友琴、刘大杰、胡云翼、余冠英、邓广铭、杨伯峻、沈祖棻、杨明照、逯钦立、钱锺书、周振甫、饶宗颐、周汝昌、刘开扬等；

第二代学者（1920—1939 年代出生）：孔凡礼、叶嘉莹、吴文治、聂石樵、曹道衡、穆克宏、白化文、程毅中、刘世德、金开诚、罗宗强、傅璇琮、王锳、刘学锴、王水照、陈鼓应、袁行霈、薛瑞生等；

第三代学者（1940—1959 年代出生）：施议对、刘尚荣、陶文鹏、董乃斌、李剑国、祝尚书、辛更儒、刘扬忠、杨义、李炳海、曹旭、赵山林、韦凤娟、陈大康、郭丹、莫砺锋、李时人、葛兆光、胡大雷、俞为民、卢盛江、王小盾、林家骊、陈尚君、詹福瑞、扬之水、郭英德、宁稼雨、谢思炜、杨庆存、赵敏俐、周裕锴、刘毓庆、陈桐生、巩本栋、傅刚、尚永亮、张涌泉、左东岭、方勇、张毅、许结、刘跃进、张伯伟、诸葛忆兵、蒋寅、谭帆等；

第四代学者（1960—1979年代出生）：伏俊琏、钱志熙、戴燕、孙明君、邓子勉、李山、过常宝、范子烨、田玉琪、马茂军、杜晓勤、康震、韩高年、田晓菲、马银琴、马大勇、刘冬颖、刘成国、卞东波、王伟等；

第五代学者（1980—1999年代出生）：汪超、侯体健、程苏东等。

不必列举他们各自在中华书局出版了哪些著作，仅这些闪闪发光的名字，就足以见出中华书局作者队伍之强大。中华书局成就了一代代著名学者，一代代著名学者也造就了中华书局。

从研究领域来看，古代文学各研究领域的著名学者，大多在中华书局出版过著作。以词学研究为例，三位词学大师龙榆生、夏承焘和先师唐圭璋先生，有多种著作在中华书局出版。龙先生的《唐宋名词选》和《苏门四学士词》，都是上世纪五六十代由中华书局出版。夏先生的名著《唐宋词人年谱》《唐宋词论丛》《瞿髯论词绝句》《月轮山词论集》等，都曾在中华书局出版。先师唐先生的名著《全宋词》《全金元词》和《词话丛编》，亦由中华书局隆重推出。为了编校好《全宋词》，中华书局专门聘请了精通词籍文献的王仲闻先生增补修订，修订版《全宋词》较之抗战期间的初版《全宋词》，无论是辑录作品的完备度，还是校勘的精严度，都有极大的提升。中华书局整理出版的《全宋词审稿笔记》，真实记录了王仲闻和唐圭璋先生共同商讨、反复切磋的修订过程。与龙、夏、唐同代的词学研究专家，如卢前（冀野）、刘永济、胡云翼、宛明灏等先生的词学研究著作，亦由中华书局出版。其中1926年出版的胡云翼先生所著《宋词研究》，是词学史上最早的具有现代学术品格的宋词研究专著。饶宗颐先生的《词籍考》、罗忼烈先生的《两小山斋论文集》，在内地亦是由中华书局率先推出。断代词总集，除宋金元词外，曾昭岷等先生合编《全唐五代词》，饶宗颐初纂、张璋总纂的《全明词》亦由中华书局组织出版，构成词体断代总集系列。

好书为何能出中华，中华为何能孵化造就那么多知名学者？我以为一个重要原因，是中华书局领导、编辑的学者化。兹举一个数据来说明。1995年我和同门刘尊明教授曾统计，《文学遗产》自1980年复刊十五年间，发文量较高的高校和科研单位有二十多家，中华书局名列第六，位居中国社会科学院、北京大学、南京大学、北京师范大学、苏州大学之后。一个并非以学术研究为主的出版机构，在《文学遗产》发表的论文数量竟然超过许多知名大学，可以想见中华书局学术实力之强、学术风气之浓。在80多位活跃作者中，中华书局占两位，其中程毅中先生的发文量更高居第二，紧随中国社会科学院曹道衡先生之后。

中华书局的历任领导也多是学者。余生也晚，20世纪中前期中华书局的各位掌门我不熟悉，但20世纪后期以来几届领导，都熟稔且深有交谊。傅璇琮先生在古代文学界的领袖地位，自不待言。徐俊先生是敦煌学研究的知名学者，出版有《敦煌诗集残卷辑考》。新任掌门周绚隆先生则是明清文学研究的专家，对明清易代之际的文学文化造诣尤深，出版有《陈维崧年谱》和《易代：侯岐曾和他的亲友们》等。中华书局从领导到编辑，都有学者的情怀、学者的眼光，对学术的发展走向、著作的学术水平自会有准确的把握和判断。能出好书，自在情理之中。

二、在中华出好书

中华书局出版的书，大多是主动约稿来的、是反复打磨出来的。我在中华书局出版的七种书，就有五种是约稿，只有两种是我主动找上门去的。

《全唐五代词》，由先师曾昭岷及曹师济平、刘尊明和我四人共同编纂。1999年中华书局出版以来，多次重印，已成为唐五代词的定本。此书历经十年而成，凝聚了中华书局多位领导和责编的心血。

唐五代词总集，原有1930年代林大椿编的《唐五代词》和1980年代张璋、黄畲先生合编的《全唐五代词》。

因这两种总集存在不少问题和遗憾，学界期待重编出更好的版本。先师编纂的《全宋词》《全金元词》，自从1960年代中华书局出版以来，一直被学界奉为宋金元词研究的范本。因此，中华书局计划再由唐先生领衔重编《全唐五代词》。1990年6月，时任中华书局副总编辑的傅璇琮先生，应唐先生之邀，到南京师范大学参加我们几位同门的博士论文答辩。答辩后，他约我的博士生副导师曹济平先生、同门师兄肖鹏和我三人商议重编《全唐五代词》事宜，因唐先生年事已高，无力主持编纂，只能领衔指导，由我们三人合作重编。肖鹏很快就执笔拟出《全唐五代词》的编纂凡例和校勘细则，寄给傅先生，获得认可。但不久，唐先生仙逝，曹老师退休，肖鹏离开高校南下深圳另谋发展，我毕业后回到原定向培养的湖北大学任教，编纂工作被搁置下来。

但傅先生一直没有放弃此事，经他和许逸民先生共同努力，1992年6月，《全唐五代词》被列为国家古籍整理出版规划领导小组制定的《中国古籍整理十年规划和"八五"计划》重点项目。稍后，傅先生来信让我重启编纂工作，重心移至我所在的湖北大学，改由我的硕士导师曾昭岷先生及曹济平先生、刘尊明和我四人共同编撰，由我负责项目运作。我当时年方33岁，虽已破格晋升教授，但学术上只是初露头角，傅先生将编纂断代总集的重任交给我，体现出他对年轻后学的无限信任和期许。

傅先生对青年学者的奖掖提携，一以贯之，不遗余力。1992 年 6 月在浙江瑞安举行的中国韵文学会学术讨论会暨第四次理事扩大会上，傅先生提名我为学会理事，当时我还没有晋升教授职称，只是刚毕业两年的博士而已。1998 年，中国韵文学会改选，傅先生又提名我和肖瑞峰教授担任学会副会长。当时我还不满 40 岁，肖瑞峰也刚过不惑之年。傅先生既有知人之明、用人之胆，更有提携后进之心。

《全唐五代词》编纂任务确定后，傅先生安排当时文学编辑室的年青编辑刘石作为责任编辑与我对接，时任文学编辑室副主任的徐俊负责指导。1993 年暑假，我们写出具体的编纂计划，提交中华书局。刘石兄回信说，同意我们的计划，但特别叮嘱："总集的编纂，很重要的是前期的准备工作。前期工作做得越细越周密，后来的工作就越顺，质量越有保证。所以望兄及参与此役的诸位先生在前期的工作中尽量细致一些，不必过分顾及速度，以使其真正成为能传之后世的高质量的唐五代词总集。"编成"能传之后世的高质量"词总集，是我们共同的期许和要求。

后来刘石兄工作变动，调至古籍整理出版规划小组办公室工作，不再担任《全唐五代词》的责编，改由孙通海先生接任，但日常与我联系的还是徐俊。我现在还珍藏着七封徐俊兄讨论编纂事务的来信，字迹如新，读之感慨良多。

按照刘石兄的提醒，做好前期工作，我们又修订了凡例，并写出了若干篇样稿。为了保证书稿质量，中华书局又将凡例和样稿排印出 100 份，以广泛征求学界的意见。编纂《全唐五代词》，最大的学术难点是如何确定唐五代"词"的边界，有的作品属诗属词历来混淆莫辨。诗词莫辨之作，是收还是不收，如果收又该如何处置？我们提出正副编的方案，正编收录可考为词之作，副编收录误诗为词之作。这种做法在总集中"前无古人"，是否可行，能否得到学界的认同？我们心中没底。样稿寄出后，收到部分反馈意见，依然是各持己见，莫衷一是。1994 年 10 月，我们与《文学遗产》编辑部在湖北襄樊联合主办"中国 20 世纪词学研究走势学术研讨会"，徐俊兄建议我们在会间找一些对文献有研究和感兴趣的学者开小型专题会予以讨论。会上的讨论虽然没有达成共识，但部分学者的意见深化了我们的认识。最终傅先生来信指示，既然学界意见难以统一，就自定唐五代词的标准，自划边界，并严格执行，只要不自乱体例、不自我矛盾就行。最终，我们听从了傅先生的建议，解决了一个既是词学理论又是编纂实践中的难题。《全唐五代词》出版后，获得学界的高度认可。

1994 年前后的学术条件，无法跟今天相提并论。当时没有电子文献检索，所有资料都要到纸质文献里搜罗钩稽。为了辑考唐五代那些诗词莫辨之作的来龙去脉和相关词集版本，1994 年春天，我和曾昭岷老师到北京图书馆查阅资料。虽然《全唐五代词》是列入《中国古籍整理十年规划和"八五"计划》的重点项目，但没有任何经费支持。曾老师以他个人的资历和面子，从学校科技处要了300元作为旅费。为了节省开支，我们住在离北京图书馆古籍馆（文津街七号）最近的三〇五医院地下室，那是当年北京最低价位的旅店，每天只需10元房费。我和曾老师早出晚归，每天早上两个馒头一碗稀饭，中午时间紧，舍不得离开图书馆，又是一个面包加一袋咸菜混一餐，晚上到三〇五医院食堂匆匆吃点米饭后再整理白天所查资料。两个月后，将能查到的资料全部收集到位，收获满满。收获丰富的文献资料的同时，我也收获了一大"负"产品。由于长时间高强度的紧张劳动，饮食单一，营养不良，造成抵抗力、免疫力下降，又在潮湿的地下室生活了两个月，患上了慢性皮肤病。近三十年来，皮疾一直困扰我到如今。疾病也让我的心理承受能力变得更强大，学会了与它和平共处。

1996年《全唐五代词》书稿编就，交给中华书局。当时个人电脑还不普及，我们提交的全部是手写稿。孙通海先生收到书稿后，精心编校。有次我到位于王府井大街36号中华书局原办公楼，拜访徐俊和孙通海先生，了解书稿进展。只见书稿里贴满签条，上面写着各种审稿意见和需要复核的资料。审稿意见的深入细致，让我无限感佩。有的出版社编辑只做技术的编排加工，很少做学术的核校正误，与中华书局的编辑真是不可同日而语。高水平的编辑，往往能使书稿面貌焕然一新，学术质量得到提升，学术精度得以加强。中华书局孙通海等先生，就是这样的编辑。

《词学史料学》，是我在中华书局出版的第二本著作，已被很多高校列作古代文学专业硕士、博士生的必读书或参考书。此书也是傅先生约的稿，原是他策划主编的"中国古典文学史料研究丛书"之一。《全唐五代词》如期编成交稿后，傅先生比较满意，对我在词学文献方面的熟悉度也更有信心，于是1997年来信委托我写《词学史料学》。傅先生的信任和嘱托，我自然是毫不犹豫地应承。但我当时刚刚承乏担任湖北大学人文学院院长，没有多少精力用于学术研究，迟迟没有动笔。直到2000年卸任院长职务、调到武汉大学任教后，才在傅先生一再来信催促下启动写作。正式写作前，拟定了全书目录框架，寄呈傅先生指教，得到他的指点和认可，我才全力以赴地写作。

编纂《全唐五代词》时，我将唐宋诗词的总集、别集和相关正史、野史、笔记、类书的不同版本翻了个底朝天，熟悉了唐宋诗词及相关文献的内容和版本，知道通过哪些途径方式能找到其书。所以写起《词学史料学》来，得心应手，不仅介绍研究词学需要用哪些史料，还说明每类史料有什么用、怎样用、如何能找到。因此，实用性和针对性颇强。书稿完成后，又寄给傅先生过目，得到他的首肯。责编俞国林先生和舒琴女史精心编校一年多，补阙正误，使书稿大为增色。书稿原名《词学史料通论》，国林兄建议改为《词学史料学》，既简明又更显学理性。

《唐诗排行榜》和《宋词排行榜》，是 2011 年和 2012 年分别在中华书局出版的姊妹篇，曾引起广泛的社会关注和争议，成为文化热点事件。这两本书，原是我两篇定量分析论文转化的成果。2008 年，我和门生合作，分别在《文学遗产》和《文学评论》发表《寻找经典——唐诗百首名篇的定量分析》《宋词经典名篇的定量考察》。这两篇论文，用大量的统计数据分析唐诗、宋词的影响力，量化稳定唐诗、宋词的百首名篇究竟是哪些篇目。论文发表后，引发许多学者的兴趣和注意。在当年南京大学主办的"两岸三地清词研讨会"上，香港中文大学黄坤尧先生建议将两篇论文的结论写成书，让更多的读者了解唐诗、宋词究竟哪些是名篇，哪些名篇影响力比较大。2009 年 12 月在北京大学主办的"中国文学史学科百年学术研讨会"上，中华书局总编辑顾青先生找我，建议以唐诗、宋词两篇定量分析的论文为基础，编写成两部有特色的唐诗、宋词选本。我平时研究唐诗、宋词的传播，有此机缘，也乐于用新的理念和方法来传播唐诗、宋词，于是欣然应允。回到武汉后，就组织门下学生组成写作团队，几经试验，反复修改，才确定撰写方案。后把方案寄给中华书局负责本书策划的王军先生，他回信说：

兆鹏先生：

来函收悉，迟复见谅！

您的团队的精神令人感佩，深致谢意。现就您来函中所提建议略表于下：

1."关于书的结构，以简明为上，项目不宜过多。每首作品，还是涉及五个项目为佳"，这一点看来我们的意见是一致的，非常高兴。您也明确指出其中的"上榜理由"为重中之重，这一点确实是本书有别于其他鉴赏图书的关键。样稿中"大江东去"的"上榜理由"基本符合我们的愿望：有数据，有数据分析，间插古人评点。读来比较清楚、了然。

2."作者简介"，建议还是略个人生平，详文学史地位影响，特别是在排行榜中的地位。如苏轼，可以如此结构："苏轼（1037—1101），字子瞻，号东坡，眉山（今属四川）人。嘉祐二年（1057）进士，官至翰林学士。仕途坎坷，一生屡遭贬谪，但从不屈服。生性乐观旷达、机智幽默，善于超越人生苦闷忧患。苏轼天才纵逸，诗、词、文无不精工，诗与黄庭坚并称为'苏黄'，词与辛弃疾并称为'苏辛'，散文则与欧阳修并称为'欧苏'。他是继欧阳修之后领袖一代的文坛巨擘。其父苏洵和乃弟苏辙也是著名文学家，世称'三苏'。排行榜上列为宋代第一大词人，其作品的数量？，其在100名中占几首，在300

名中占几首……"

3."榜中榜"的提议很好，可于前言后列出，然全书仍以总榜顺序以降。本书是第一部以排行榜做的唐诗宋词图书，大家的主要兴趣还是在排名，至于分类排名，有的普通读者已经从其他图书中知晓，有的可能不是他们特别关注的。

4.书的装帧设计，及营销配合，我们都有所考虑。待书稿成后，再与您沟通。

以上是我们的意见，仅供参考。

祝好！

中华书局　王军

2010.2.8

为便于营销推广，王军先生建议将原拟书名《唐诗名篇一百首》《宋词名篇一百首》，改为《唐诗排行榜》《宋词排行榜》。《唐诗排行榜》印出后，在武汉黄鹤楼举行了新书发布和研讨会，顾青总编辑和王军先生亲自到场推介。与会专家对排行榜的结论和研究方法有不同意见，有关媒体报道又放大了分歧，于是所有门户网站和主流媒体密切跟进报道，一时成为现象级事件。

吾生有幸，能在中华书局出版几种好书，从而获得了学者身份的验证码。

（作者系四川大学教授）

中华书局与我的学术之路

胡可先

中华书局自 1912 年创建以来，走过了 110 周年的光辉历程，凝聚了一代又一代学者型编辑和出版家，占据了编辑出版和学术研究的高地，成为中华优秀传统文化出版的品牌重镇。前些天收到俞国林先生邀约，为中华书局创建 110 周年写点纪念文字，于是约略检讨自己的学术经历，也与中华书局结下了深厚的缘分，就愉快地答应了。

我的学术研究与傅璇琮先生的提携有着很大关系。那还是 1985 年下半年，因为业师吴汝煜先生的介绍，又蒙傅先生对后学的关爱，得以参加其主编的《唐才子传校笺》。我当时 25 岁，对于傅先生是高山仰止，而傅先生对于年轻人的提携不遗余力。在傅先生指导下，我与吴汝煜先生共同完成该书第五卷共 20 余万字笺证内容。这对我而言，是学术训练的最好机会，也使得我较早地进入唐代文学研究领域。2003 年，傅先生在为拙著《政治兴变与唐诗演化》写的序言中还提到这件事："我与胡可先同志的学术交往，自 20 世纪 80 年代中期即已开始。那时由我创议，编撰《唐才子传校笺》……这实际上是对唐代近四百位诗人的生平就史料方面作一次系统清理与考索，难度是相当大的……那时胡可先同志还是二十余岁的年轻学人。"《唐才子传校笺》重印时，傅先生还特请编辑室多送我一套，并来信说："中华书局最近将《唐才子传校笺》重印一次，因此书撰写人太多，不好都送，因您与吴汝煜先生写得较多，故最近请编辑室送上一套（五册）。"这件事我是一直铭刻于心的。其后，傅璇琮先生几乎每出一书，都会签名寄赠一册给我。傅先生担任中国唐代文学学会会长，几乎每次年会我都参加，不断聆听傅先生的教诲。

我的学术研究起步是对唐代诗人杜牧的研究，从读大学开始陆续发表一些论文，后来结集成《杜牧研究丛稿》，由人民文学出版社出版，受到学术界的关注。也因为如此，中华书局在 21 世纪初准备推出一套"古典诗词名家"丛书，编辑张耕兄约我撰稿。后来这本《杜牧诗选》小书出版后反响很好，不仅不断重印，还收入"古典诗词坊"、"中华经典指掌文库"等多种丛书系列。由杜牧研究生发，与李商隐合在一起，编写了《小李杜》一书，作为中华书局"璀璨星座"丛书的一种。也是因为这样的缘故，我后来在撰写学术专著的同时，也致力于一些学术普及图书的著述。

进入 21 世纪以来，我的研究重心放在政治事件与唐代文学研究、出土文献与中古文学研究两个方面，代表作品当然期待在中华书局出版。《出土文献与唐代诗学研究》一书完稿并以国家社科基金成果优秀等级结项后，我就与张耕兄联系，希望能够在中华书局出版。经过层层审稿，获得通过。张耕兄在编辑过程中认真负责，对于书中内容，从文字到观点，时相问难质疑，在相互交流中既提升了我的认识水平，也提高了书稿的出版质量。该书出版后，学术界给予充分肯定。该书获得浙江省第十七届哲学社会科学优秀成果一等奖、教育部第七届高等学校科学研究优秀成果奖三等奖。当然，这与中华书局在学术界和出版界的影响力有着密切的关系。

还要特别谈及的是中华书局主办的三种期刊。

一种是《文史》。我 1978 年进入徐州师范学院读书的时候，正逢《文史》复刊，每一期的论文我都会认真阅读。几年后，自己撰写的习作也冒昧向《文史》投稿，当然主要目的还是想得到编辑的指教。不久收到退稿，但在退稿的同时，寄赠一套中华书局出版的《李太白全集》给我，并在扉页上钤有"中华书局文编室赠阅"的印章。虽然是退稿，但可以看出《文史》编辑对于年青学子从事学术研究的鼓励。以至我在农村中学任教，虽条件艰苦，但从没有放弃过学术研究。《文史》一直是我心目中最具专业性的学术刊物，我的学术研究又重在实证研究方面，后来不断磨炼，在《文史》上发表过两篇较长的论文《刘禹锡诗文编年新考》《徐松〈登科记考〉补正》。

一种是《书品》。《书品》是集中于好书品评的专门期刊，同时也发表一些学术论文。我在《书品》上发表过一篇评论业师郁贤皓先生著作的书评《旧学新知的贯通与融会：评〈李白与唐代文史考论〉》，因为郁先生是当代李白研究的代表学者，该书又是李白与唐代文史研究的综合论著，对于学术研究带有启示性，我就将阅读感受整理成文，希望能对李白研究有所促进。我还发表过一篇学术论文《〈郎官石柱题名考〉补正（考功郎中部分）》，是订补清人劳格《唐郎官石柱题名考》的实证研究论文。我还要非常感谢的是，《书品》发表过我两种著作的书评：一是业师郁贤皓先生出于鼓励弟子的目的，为拙著《中唐政治与文学》撰写的书评《发掘中国传统文学本质特征的佳作》；一是复旦大学查屏球教授撰写的《〈出土文献与唐代诗学研究〉评介》。《书品》很专业，很学术，我指导研究生读书，也会选摘《书品》中的一些典范书评以引导学生摸索读书门径。

一种是《文史知识》。《文史知识》是集中全国文史学者深入浅出地介绍和评述中华优秀传统文化的期刊，以"大专家写小文章"的普及理念，扩展读者文史哲方面的知识视野，深化对于古代文学史、史学史、哲学史方面重大问题的认识。我在《文史知识》上发表过两篇文章，一篇是《缪钺先生的大师风范》，记述缪钺先生的文学研究、治学精神和人格修养，以及治学方面对我的影响；一篇是《杜牧〈张好好诗〉真迹与异文》，以杜牧诗真迹为例，阐述代表诗歌与书法所表现的唐代艺术精神的集中要素。因为是给《文史知识》撰文，也就注重文字简练、语言流畅，力求表达活泼。更令我感到幸运的是，承蒙中华书局的错爱，于2021年担任新一届《文史知识》编委。这样不仅加深了对于《文史知识》的热爱，更承担了属于自己的一份责任。

因为读书、写书、出书的关系，我与中华书局的学人有着密切的联系。为了撰写这篇文章，我检讨了与中华书局学者的往来书信，涉及傅璇琮、张忱石、许逸民、汪圣铎、徐俊、张耕、俞国林等多位先生。

前辈学者是傅璇琮先生，前面已经叙述。同辈学者徐俊先生，认识很早，交流很多。徐俊先生出版的《鸣沙习学集》《翠微却顾集》等，我都收藏了签赠本。他为敦煌研究所作的贡献，一直为我景仰；他的研究成果，我也在不断学习与运用。2021年4月，趁着参加《文史知识》创刊40周年座谈会的机会，与傅杰教授参观徐俊先生办公室，谈到浙江大学出版社出版《吴熊和手批全宋词》中华书局授权事宜，感谢他的帮助。徐俊先生说，不仅中华书局同意授权使用且不收费，而且由中华书局出面联系唐圭璋先生后人同意授权使用也没有收任何费用。听到这里，我与傅杰教授都非常感动，徐俊先生及中华书局的格局、品位、境界非常值得尊重和发扬。

在徐俊先生的办公室，一同交流者还有时任中华书局总编辑（现为中华书局执行董事）周绚隆先生。当时周先生刚到中华书局不久，之前他在人民文学出版社任副总编辑。因为拙著《杜牧研究丛稿》1993年在人民文学出版社出版，此前此后，就与人民文学出版社的几代学人诸如林东海、宋红、周绚隆、管士光先生都有联系。周绚隆先生转任中华书局总编辑，更加专业，更加集中于古籍，与我的专业也就更加接近。

俞国林兄是中华书局年轻有为的中坚之一。除了平时有关书籍出版方面的联系外，我们在多次学术会议上见过面。国林兄也是学者型编辑，传承了中华书局编辑的优秀传统。我们在学术上也多有交流，他的重要著作如《吕留良诗笺释》刚出版时，就签名寄赠给我。因为是朋友赠书，虽然不在自己的重点研究范围，但仍然高兴地认真拜读，不仅在一些重要方面拓展了我的视野，而且更增进了对国林兄学术成就的了解。2016年，首届宋云彬古籍整理奖评奖活动举行，聚焦古籍整理事业选拔优秀成果人才，我作为通讯评委，鼎力推荐国林兄，也是确实基于他对古籍整理事业的贡献和我对他的了解。

今年是中华书局创建 110 周年，我写过一首贺诗，录之文末：

> 阅尽千帆逐汉槎，百年淘洗万年沙。卷帘坐拥翠微色，闭户常思灿烂花。传世文章皆得力，出泥新笋欲抽芽。运笔未趋诗律细，惟将肝胆颂中华。

诗中尽量运用中华书局的一些历史掌故，如"翠微"，指北京翠微路 2 号院中华书局曾经的地址，建国以后最为著名的"二十四史"点校工作就在这里进行。徐俊先生的《翠微却顾集》，亦取名于此。"灿烂花"，本自 1912 年陆费逵起草的《中华书局宣言书》："从此民约之说，弥漫昌明；自由之花，奇皇灿烂。"

（作者系浙江大学教授）

我与中华书局

杜泽逊

近数十年间，中华书局不仅是国家古籍出版中心，更是古籍整理研究中心，是集学术研究与出版于一身的国家级文化学术中心之一，是几代学者心目中共同的学术殿堂，与清代整理刊印《十三经注疏》《二十四史》的武英殿先后辉映，在中国文化史上创造了巨大的不朽业绩。

我1981年考入山东大学中文系。山东大学"文史见长"，古典学术显耀，因此在中华书局出书的教授就多，如黄云眉《明史考证》，王仲荦《北周六典》《北周地理志》，高亨《商君书注译》《周易古经今注》，王仲荦点校《宋书》《南齐书》，卢振华点校《南史》《梁书》，张维华、王仲荦点校《陈书》等等，都令人感受到中华书局的权威地位。1982年春，我上大学第二学期开始学习《古代汉语》，用王力主编《古代汉语》四册，中华书局出版。从

古代汉语

这部教材上看到了什么呢？首先是编写者：王力、萧璋、刘益之、许嘉璐、赵克勤、吉常宏、马汉麟、郭锡良、祝敏彻。再就是 1962 年参加上册讨论者：丁声树、朱文叔、吕叔湘、洪诚、殷孟伦、陆宗达、张清常、冯至、魏建功等。当时基本上是第一次看到这些名字，他们是古代汉语领域的精英。第三就是"文选"部分介绍的重要典籍的注本。如《左传》是《春秋左传注疏》(晋杜预注，唐孔颖达疏)，《论语》是《论语注疏》(魏何晏集解，宋邢昺疏)、《论语集注》(宋朱熹)、《论语正义》(清刘宝楠)、《论语译注》(今人杨伯峻)。第四是"文选"部分的注释对文字的校勘。如《触詟说赵太后》，注释说："触詟，《史记·赵世家》、一九七三年长沙马王堆三号汉墓出土的帛书《战国策》作‘触龙’。"《荀子·劝学》："蓬生麻中，不扶自直；白沙在涅，与之俱黑。"注释说今本《荀子》没有后两句，"据王念孙说补（见《读书杂志》）"。以前认为古书不会有错，看了这些，才知道古书也有错，并且认识到《战国策》与《史记》相通，马王堆汉墓帛书可以校勘传世版本，王念孙这个人了不起，他的《读书杂志》有机会要翻翻。多年后我研究生毕业留山东大学古籍所，王绍曾先生让我替他讲"版本目录校勘学"课，我还举出了"触詟"与"白沙在涅"两条例子，这两条例子其实都是王念孙订正的。大学没有开过"文献学"课，文献学知识来自王力《古代汉语》等教材。

我在大学期间买书很少，最大的豪举是买了一部中华书局影印的《十三经注疏》，上下两大本。那时候一月助学金是 20.5 元，要拿出 17.5 元买饭票、菜票（每人都是这个标准），剩下 3 元钱用于日用开支。家父由民办教师通过考试转为公办教师，按师范毕业待遇，每月工资 29.5 元，全家 6 口人，经济拮据，买书的钱只能从牙缝里省了。我和同宿舍同学王正刚，在书店发现中华书局新出的《十三经注疏》，就想买，但钱是个问题，我把平时买的单本书《大慈恩寺三藏法师传》（中华书局校点本）、叶嘉莹《王国维及其文学批评》等等贱价卖给同学了，再卖一部分菜票，凑够了 22.80 元（这个定价我忘不了），把书买回来了。那时没有箱子，当然也无物可存，只用一个纸箱存放衣物，于是把这两册大书埋在衣物底下，生怕人家偷去了。

1985 年大学毕业，考上山东大学古籍所研究生班，那时中华书局成为我们研究生班的仰望之地，只要是中华书局出的书，必定要去翻看。1986 年 9 月，霍旭东先生、刘聿鑫先生、徐传武先生带我们研究生班去考察实习，从郑州、洛阳至西安。我在郑州的古籍书店买了一部中华书局出版的《四库全书总目》，上下两册精装本，18 元。这个本子是 1981 年 7 月第 2 次印刷，到我买书时已五年。书店同志告诉我，他们只进了一部，五年才卖掉。我把这话记在了书前。这部《四库全书总目》，我在 1987 年至1988 年间用了十个月细读一遍，做了十类卡片，准备写《四库提要发微》作为硕士论文，结果只写了其中一类，叫《四库全书总目辨伪学发微》，3 万多字，就拿到了硕士学位。王绍曾先生指导了这篇论文。其余九个问题至今没有时间去写。那部《四库全书总目》在后来从事《四库存目标注》过程中，又被反复阅读，加了许多订补批注，书背开裂，不舍得翻了，就用报纸包好存起来了。《十三经注疏》陪伴我差不多四十年，我近十年来主持《十三经注疏汇校》，实受这部附有阮元校勘记的版本的启发。《四库全书总目》陪伴我已三十六年，也与我的"四库学"研究一路相随。我对《四库全书》及《四库全书总目》的认识实际上是从中华书局影印前言入手的，这篇前言后来才知道出自傅璇琮先生之手。

1987 年研究生班毕业，我留山东大学古籍所任教，所里安排我跟王绍曾先生从事《清史稿艺文志拾遗》编撰工作。这是中华书局约稿，全国高等院校古籍整理研究工作委员会科研项目。项目的主持人是王绍曾先生，参加的老先生有张长华、刘泽民、苗同圃，图书馆工作人员还有李艳秋等，古籍所的青年人是刘心明和我，后来王先生招了研究生王承略，也加入项目。我和刘心明、王承略坐班到 1993 年，该书就完成了。1994 年至 1995 年，我爱人程远芬用两年完成了《清史稿艺文志拾遗索引》10 万多条，近百万字。2000 年，中华书局正式出版《清史稿艺文志拾遗》（全三册，上册经部、史部，下册子部、集部、丛书部，索引单独一册），获得教育部全国高校人文社科优秀成果奖一等奖。在这个过程中，我曾几次到中华书局送书稿，与责任编辑何英芳女士、古代史编辑室主任张忱石先生建立了很好的联系。何女士编的《清史稿纪表传人名索引》（全二册）出版后，还送给我一部。张先生则详细讲授了编制《清史稿艺文志拾遗》书名、著者索引的程序和注意事项，我作了记录，回到济南转给程远芬，程远芬完全按张先生的建议编制完成这个大型索引。以后又编制了《四库存目标注索引》（全二册，上海古籍出版社）等多种索引，都受益于张先生的教诲。

1991 年我陪王绍曾先生到北京一趟，到商务印书馆谈张元济《百衲本二十四史校勘记》稿本整理。这部稿本180余册，"文革"前借给中华书局用于"二十四史"点校工作。"文革"后经王绍曾先生撰文呼吁，中华书局归还了大部分，经手人是中华书局副总编辑、原历史编辑室主任赵守俨先生。那时中华书局、商务印书馆在王府井大街36号一个大楼办公，前者一、二楼，后者三、四楼。所以王先生同时到中华书局访问了傅璇琮、赵守俨、张忱石等先生，与傅璇琮、张忱石先生主要谈《清史稿艺文志拾遗》出版，与赵守俨先生则主要谈《百衲本二十四史校勘记》稿本的清理归还。赵先生头发梳得很整齐，口齿也特别清晰，他告诉王先生："您的心情就是我的心情，一定要把《衲史》校勘记都找出来归还商务。"那次赵先生给了我一个纸条，上写陈元龙《爱日堂诗》，要我查查版本及收藏处。还要我和王先生帮助查他们赵家的家谱，因为他们称"泰山赵"。后来我帮赵先生查到康熙刻本《爱日堂诗》天津图书馆有藏，写信告诉了赵先生。赵先生热情回信，说："如果《清史稿艺文志拾遗》出来了，这类问题就好查了。"在赵守俨先生办公室，还见到程毅中先生，程先生很和气，后来建立了联系，书信往来，至今不断。

王绍曾先生这次到京，商务印书馆领导在王府井萃华楼宴请，总经理林尔蔚、副总编辑李思敬、胡企林，历史编辑室主任陈应年都来了，张元济先生的儿子张树年先生从上海特意来京，一起在萃华楼吃饭，讨论《百衲本二十四史校勘记》整理工作，把这项工作委托王绍曾先生主持。王先生是20世纪30年代参加张元济先生《百衲本二十四史》编辑校勘工作唯一存世的老人，欣然答应。和王先生一起来京的还有山东大学刘光裕教授。我们还和王先生一起看望了他在无锡国专的同学周振甫先生。他们在国专时，教务长是钱基博先生，钱基博先生指导了王绍曾先生毕业论文《目录学分类论》，打了100分，当时付国专出版，所以师生长期有联系。王绍曾先生在周振甫先生陪同下到家里看望了钱锺书先生，我和刘光裕老师也一同去了。

1999年山东大学文学院院长谭好哲老师通知我为全体研究生开设必修课"文献学"。我一边写讲义一边授课，整整一个学期，其他事什么也不干，把讲义写完了。2000年山东大学研究生院设立研究生课程建设项目，我的这部教材入选，获得资助，交给中华书局出版，当时学校要求2001年9月出来，在责任编辑李肇翔先生努力下，按期出来了。当时敦煌文献部分请北京大学荣新江先生审阅，出土文献部分请中华书局李解民先生审阅，他们提出了宝贵的修改意见。这部教材出版后，受到学术界欢迎，连年重印。2002年3月9日，程毅中先生收到我的赠书后来信说："广征博引，取材极广，条分缕析，论释尤细。诚为总结了二十世纪文献学的新成果。近年亦曾见过文献

学论著数种，尊著实为后来居上，独具新意者。"2001 年
12 月 20 日，陈尚君先生来信亦给予肯定："近年文献学
教材出了多种，内容大多因袭，较难自成体系。大著是我
感最好的一种。"又说："兄举例多为目验手勘之书，所论
多精彩独到之见，非浅学者可至。"2006 年这部教材入选
普通高等教育"十一五"国家级教材，2021 年获评首届
国家教材建设奖全国优秀教材一等奖。这份殊荣当然是因
中华书局严谨的高水平出版带来的，在此谨向李肇翔先生
致以深深的感谢。

2004 年我承担了国家清史纂修工程重大项目《清人
著述总目》，经过团队艰苦的努力，终于在 2017 年基本完
成全稿的复核工作，共著录清人著述 22.7 万余种。2021
年 6 月 8 日，根据国家清史委员会与中华书局协议，我们
把《清人著述总目》书稿寄给了俞国林先生。第二天国
林先生发来排版版式，我们非常满意。国林先生说预估
可排出 30 来册。后入选为 2022 年度国家出版基金资助
项目。

2012 年 1 月，在《清人著述总目》完成初稿之后，
我申请立项山东大学儒学高等研究院儒学项目《十三经注
疏汇校》，获评重大项目。当年 3 月 25 日，王学典院长主
持召开"《十三经注疏》整理与研究工程启动仪式"，副校
长樊丽明教授以及董治安、安作璋、刘大钧、叶国良、陈
尚君、陈力、韩格平、虞万里、吉发涵、辛德勇、漆永

祥、王锷、李国庆等专家参加启动仪式。时任中华书局总经理徐俊先生、副总编辑冯宝志先生、文学编辑室主任俞国林先生、编辑石玉同志亲自前来参加会议，达成合作意向。2018年，中华书局出版了《尚书注疏汇校》九册、《尚书注疏校议》一册，责任编辑为石玉同志。《尚书注疏汇校》2020年获第四届全球华人国学成果奖，2021年获山东省第35届社会科学优秀成果特等奖并一等奖。目前《周易注疏汇校》已经完成并交中华书局，《毛诗注疏汇校》已完成初稿，《礼记注疏汇校》已开始进行。《十三经注疏汇校》已列入国家古籍整理出版规划，其中《五经正义汇校》列入国家社科基金重大项目，汇校工作正在按计划稳步推进。

2018年4月，我担任山东大学文学院院长，开始规划整理出版"山东大学中文名家文集"，这个计划曾专门征求人民文学出版社副总编辑周绚隆先生（现为中华书局执行董事）的意见，得到有益建议和大力鼓励。经过与俞国林先生协商，中华书局接受出版的有《黄孝纾文集》《关德栋文集》《殷孟伦文集》《殷焕先文集》《董治安文集》《张可礼文集》《刘乃昌文集》七种，目前均已交稿，正在编辑出版过程中。

2019年人民文学出版社编审刘文忠先生把保存在出版社库房的陆侃如、冯沅君《中国诗史》手稿交给我和戚良德先生，并建议与陆侃如先生嗣子陆东生联系，请其捐赠山东大学文学院。我随即联系东生先生，得到其大力支持，其当即决定捐赠山东大学文学院。我把这部手稿的情况告知时任中华书局编辑郭时羽女士，郭女士建议彩色影印。适逢山东大学迎来 120 年校庆，我向山东大学文学院提出建议，同时向陆东生先生提出建议，获得一致赞成。我和李振聚对手稿进行整理，扫描交给郭女士。经过细心编辑，这部书于 2021 年 9 月由中华书局出版，16 开影印精装五册，精美绝伦，受到学术界高度关注。

2019 年 11 月，郭时羽女士电话建议编辑出版我的讲演录。我从没想到那些微信公众号上发的讲话还可以出版，就说"讲演录"都是大人物，我们这种人不合适。但郭女士说青年人爱看，一再鼓励，并且她自己还搜集了一部分。她建议我安排一位助手帮助她进一步搜集。于是我安排博士生王笃堃帮助搜集，居然数量不少。再加上一些谈治学篇目，经过郭女士精心挑选、编辑，居然成了一本书，郭女士建议取名《治学之道与著述之道》。紧接着由于新冠疫情的爆发，全国进入防疫，居家工作。2020 年 2 月 26 日，清样看好了，郭女士建议写篇序言，我把当时无能为抗疫效力的心情写了进去。4 月，这本书正式由中华书局出版，它是抗疫居家工作的最好纪念品。这本书出版后，受到读者的欢迎，入选 2020 年度中华书局大众人文类十佳图书。获得这份荣誉，应归功于中华书局和郭时羽女士。

2012 年，山东大学徐显明校长提出设立国学人才班，在副校长樊丽明教授主持下创设了"尼山学堂"。"尼山学堂"依托山东大学儒学高等研究院，在王学典院长主持下，由我分工制订了培养方案，经、史、子、集要籍每种设一门必修课，按教育部大学本科应修课程门数、学分数，共制订数十门课程，所使用的教材大都是中华书局繁体竖排的点校本或影印的宋元旧本，学生很快建立了"善本"观，即旧刻旧抄，精注精校。而从出版社角度讲，所涉就是中华书局、人民文学出版社、上海古籍出版社等专业出版社。为了加强尼山学堂学生的古籍整理实践能力，在俞国林先生等指导下，尼山学堂为中华书局校对整理了几种文献：(一)《历代儒家学案》，庞朴主编，共八卷，约 4000 页。尼山学堂的任务是复核全部引文。这部书稿是"学案"，引文占据了大部分。参加校对的尼山学堂学生是任哨奇等 48 人，从 2015 年下半年开始，到 2016 年 2 月 26 日完工。校对工作由李肇翔先生和我指导，制定了《引文核对注意事项》，尤其是对核对的原书的版本作了统一规定。山东大学为此提供了校对费 4 万元。复核成果得到李肇翔先生认可。(二)《古史辨》第八卷，饶宗颐编。受顾颉刚先生委托，饶宗颐先生编辑了《古史辨》第八卷，内容是对古代历史地理的考辨。目录发表于齐鲁大学国学研究所刊物《责善》半月刊 1941 年 2 卷 12 期，当时没有出版。2011年，我的博士后胡孝忠在香港大学饶宗颐学术馆作博士后研究员，帮助饶宗颐先生把目录上的文章搜集起来，大约100万字，2013年6月交中华书局准备出版。由于抗战时期印刷条件差，许多文章的文字不清晰，中华书局的清样需要复核原书及引文。尼山学堂学生参加该项工作的有11人：万良、苏秋红、孙云霄、杨晓清、宋子蘅、梁艺馨、管梓含、刘翔宇、丁雪骄、赵朕瑶、高思旻。分担的工作于2015年9月完成，历时半月，由胡孝忠和我指导。（三）《饶宗颐香港大学授课笔记》。这一批授课笔记是吴怀德先生1960年至1962年在香港大学修课时记录的，2014年捐献给香港大学，2016年由香港大学饶宗颐学术馆影印出版，送我一套，其中包括文学批评、楚辞学、诗经、文选学、目录学、词学、文字学。我看了以后，认为记录过于潦草，还有不少语音上造成的错误（例如"洪亮吉"误为"孔亮吉"，"游国恩"误为"杨谷恩"），应当整理校订排印出版，才能供一般读者阅读利用。我的建议得到香港大学饶宗颐学术馆负责人郑炜明教授大力支持，并授权山东大学尼山学堂整理并联系出版。我联系了中华书局，得到大力支持。从2016年10月14日开始，到12月5日完成。参加整理工作的尼山学堂学生有：楚辞学，孙云霄、刘润枫、梁艺馨；文学批评，孔维鑫、林诗丛、俞沁、王洋洋、张帆、崔翔、马越、汤远阳；诗经，丰子翔、胥纯潇、管梓含、康博文、李斌杰；文选学，侯振龙、王世杰、王志远、吴雪菡、吴星岸、郭永臻、傅英超、辛康；目录学，邢书航、杜凯月、刘圆婧、孙喆；词学，吴世林、沈珍妮；文字学，张学良、涂嘉敏、赵婷婷、刘梦悦、张玉颢、纪如玥。我审阅了全稿。文字学请教了刘心明教授，英文请教了何朝晖教授。2019 年 7 月至 8 月，尼山学堂学生张慧、王浩南又将授课笔记全部审读一遍。这部书稿在中华书局出版过程中。（四）《郑天挺西南联大日记》。这部手稿录入后，俞国林先生邀请尼山学堂同学校对。那是 2017 年 6 月，尼山学堂第三届同学正准备毕业离校，我找到已确定往北京大学读现代文学硕士生的杨晓清同学商量，他们全体参加，在毕业前做一件值得纪念的工作。于是我制订了校对办法，一字一句，一个标点，逐一核对手稿复印件，订正了录入的错误，历时二十余日，校对两遍，直到打好行李要出发才完成这一任务，为顺利出版创造了条件。参加校对的同学共 22 人：杨晓清、刘敏瑒、耿晓銎、张丹旸、徐成、宋怡心、林诗丛、赵婷婷、潘姚梅、袁茵、刘昱孜、王安东、陈睿婷、王浩达、丰子翔、孙云霄、田泽人、张学良、王世杰、杨胜祥、李宜昌、张鸿鸣。同年 9 月，新学期开学，《郑天挺西南联大日记》清样出来，俞国林先生又邀请尼山学堂同学协助编人名索引，任务是确定人名及字号，提出索引条目。有不少人的字号、省称需要考出其姓名，注在括号内。参加该项工作的是尼山学堂第五届同学和第六届同学，共 25 人：康博文、崔翔、马越、纪如玥、黄笑报、刘梦悦、沈珍妮、汤远阳、吴世林、吴雪菡、吴星岸、李斌杰、张玉颢、辛康、郭永臻、隗茂杰、郝财梅、马宁、王寒宇、贾立群、柳钰泉、孟庆炀、汪帆、徐通辉、朱小莼。《郑天挺西南联大日记》出版后，参加校对和索引工作的同学都获得了中华书局赠书和实习证明，非常珍贵。（五）《黄永年文集》。2017 年 5 月，中华书局邀请尼山学堂同学帮助做校对工作，校对的是黄永年先生已出版的著作 16 种：《六至九世纪中国政治史》《唐史史料学》《树新义室笔谈》《古文献学讲义》《古籍版本学》《古籍整理概论》《史部要籍解题》《子部要籍解题》《类编长安志》《雍录》《天妃娘妈传》《北齐书选译》《周书选译》《旧唐书选译》《颜氏家训选译》《物换星移话唐朝》，共 3845 页，约 293 万字。我制订了《〈黄永年文集〉审校工作注意事项》，发给大家。参加审校的同学共 35 人：王学成、马越、刘润枫、胥纯潇、孙喆、邢书航、王洋洋、刘圆婧、杜凯月、刘翔宇、丁雪骄、陈开望、王志远、俞沁、梁艺馨、张帆、康博文、钱金铭、傅英超、纪如玥、张玉颢、吴雪菡、陈秀琳、崔翔、黄笑报、辛康、沈珍妮、郭永臻、汤远阳、吴星岸、陈钰、吴世林、叶泳妍、尚培峰、隗茂杰。10 月 25 日完成工作。（六）《孟二冬文集》。2017 年 2 月，俞国林先生与我商量，邀请尼山学堂同学校对《孟二冬文集》。工作由我指导，尼山学堂教务员司佳冰、辅导员贾兵协助。我制订了《〈孟二冬文集〉审校工作注意事项》，发给大家。审校的书稿包括孟二冬先生生前出版及未出版的著作共9部：《中国诗学通论》（先秦至唐卷）、《陶渊明集译注》、《韩孟诗传》、《登科记考补正》、《隋唐五代文选注》、《韩愈柳宗元诗选》、《孟二冬古代文学论文集》（上中下三种），共5179页，约357万字。除校对原稿外，引文也要核实。参加工作的同学共26人：王学成、王世杰、王浩达、王安东、刘芝茜、孙云霄、张学良、孔维鑫、刘润枫、俞沁、丁雪骄、王小函、王志远、隗茂杰、刘天禾、崔翔、郭永臻、尚培峰、张玉颢、钱金铭、辛康、沈珍妮、刘梦悦、吴雪菡、汤远阳、傅英超。工作历时五十余天，4月17日完成。

以上帮助中华书局校对的书稿有的已经出版，有的即将出版。我把这类工作作为培养国学专门人才的一种办法，它就像上课、写论文一样，是不可缺少的训练。取法乎上，得乎中。中华书局出版的书内容是上流的，作者、整理者、责任编辑也都是上流的，向这个标准学习，就是取法乎上。历史将证明这一训练的重要意义。

我的专业是中国古典文献学，我的工作是古籍整理。我很早就是中华书局的忠实读者，中华书局出版的图书事实上是我的领路者，而我们的成果又很荣幸地被中华书局接受出版。我和导师王绍曾先生，以及我的学生团队，上

下三代都和中华书局有深情厚谊。值此中华书局 110 周年
大庆，谨写下以上的文字，代表我们三代师生向中华书局
表示由衷的感谢和热烈的祝贺。

（作者系山东大学教授）

雪泥鸿爪总前缘

——关于中华书局的一点个人性回忆

钱婉约

上

1981 年，我考进北京大学中文系，学的是古典文献专业。自从进了这个专业，似乎就奠定了与中华书局的情缘。当时的专业老师常对我们说，古典文献是培养国家古籍整理人才的，现在国家太需要了。"文革"荒废了这么多年，百废待兴，古典学术文化的出版也是亟待振兴。我们祖国这么悠久丰富的传统文化，经史子集四部古文献，需要新时代的重新研究和整理出版。而做这项事业，最正宗、最富有传统的单位，就是北京的中华书局，它与中华民国同年诞生。20 世纪 80 年代初，真是积极向上的年代，同学们十分积极热心地沉浸于学习中，除了一般中文系必修的中国文学史、中国通史、专书选读这样的课程外，最具有专业特色而且不乏深度和难度的课程，就是古籍整理的六大基本功——文字、音韵、训诂、版本、目录、校勘。我们似乎不是在学习中国古代文化学术本身，而是在训练自己成为一类特种兵——古籍整理与编辑的工匠。一旦毕业，时刻准备着，奔向中华书局，加入到传承、保护、弘扬中国古典文化的队伍中去。

当时我们知道，北京大学古典文献77级毕业的师兄师姐们，就已经分配在中华书局工作了。77级下面就是我们81级，师兄师姐们对我们特别亲切友好，在我们毕业面临专业深造和就业选择时，都给过关切与指点。总之，他们是我们的榜样，是我们奔赴中华书局的先行者。追溯起来说，北京大学古典文献专业成立于1959年，那是新中国第一个古代文化学术振兴的时代吧？我的老师严绍璗先生，就是古典文献专业第一届的毕业生。他虽然留在北京大学任教，没有去中华书局做编辑，但他同专业毕业的老同学和师弟，就有好几位在中华书局工作的，如熊国祯、崔文印、许逸民等先生，他们是我们的师叔辈，也是我们的老师。这些在"文革"前就到中华书局工作的前辈们，在20世纪80年代以后的二十年中，正是中华书局各编辑部门的领导甚至是中华书局的领导。

可惜我自己根性不定，本科毕业后没有继续在古籍整理这个专业方向上用功，而偏向到中国近代思想学术和

管锥编

谈艺录

中日近代学术交流的专业学习上。眼看着同学和师弟们又有不少分配到中华书局，做起正宗的、富有专业特长和纯正学术精神的中华书局编辑，既佩服，又不免暗自惭愧。

上大学时，钱锺书的著作特别受人推崇，他中西兼长，学养深厚，尤其令我辈学生赞叹不已。记得有一天，一个外聘的社科院专家老师给我们上课，他告诉我们说，钱锺书学问大，俯视学界，惟愿信任中华书局，特别是中华书局的周振甫先生，他的《管锥编》《谈艺录》都是周先生做的责任编辑。学界一般认为，中华书局出版的古籍整理和学术著作的质量高，但外人或许不易看到，在这些著作背后有一批中华书局的资深编辑，他们的学问与见识毫不让于大学教授、著名学者。

下

时间一晃，到了 2000 年以后的新世纪。当年仰望中华书局却做了专业逃兵的我，却受到中华书局一次又一次的恩德。二十年来，我先后在中华书局出版了七本书，何其幸也？想起来真是不胜感念。

2000 年，我从北京大学比较文学与文化研究所博士毕业，正热心于介绍与研究日本近代以来的中国研究。这门学问，上推到日本中世和近世，叫汉学或江户汉学；下延到近代主要是明治中后期以后，由于受到西方学术观念与方法的启示和影响，发生了本质性的变化，为了区别于传统汉学，日本当时称之为东洋学或支那学，后来学界一般称为中国学。我的博士论文就是在严绍璗老师的指导下，做的日本近代中国学代表性学者内藤湖南的研究。第一本学术论著《内藤湖南研究》，正是在严老师的推荐下，作为他主持的"北京大学 20 世纪国际中国学研究文库"的一种，2004 年由中华书局汉学编辑室编辑出版的。三年后的 2007 年，我把在内藤湖南研究以外的相关研究论文，结集为一本新的论著，取名为《从汉学到中国学：近代日本的中国研究》，也是在中华书局汉学编辑室编辑出版的。

那几年间，为了研究写作，我不免搜检、阅读和翻译了不少日本中国学著作，以及一些重要中国学家来华访书、买书、读书的回忆录和访谈文章。这些日本中国学的汉译，或是自己投稿，或是因为某个机缘，比如作为丛书的一种，受丛书主编或出版社约稿，我又先后在中华书局出版了三本译著。它们是 2005 年的桑原隲藏著《东洋史说苑》，与课堂上的研究生王广生合译，收入王晓平先生主编的"日本中国学文萃"丛书；2006 年的内藤湖南、长泽规矩也等著《日本学人中国访书记》，与课堂上的研究生宋炎合译，单书出版；2008 年的吉川幸次郎著《我的留学记》，这本译著 1999 年就由光明日报出版社出版了，九年后，因为收入中华书局"近代日本人中国游记"丛书，得以增订再版。

可以说，在博士毕业后的十年间，中华书局鼓励和帮助了我的学术热情和学术生产，见证和推进了我的学术耕耘和学术成长。我的这些论著和译著，在中华书局的出版历史上，实在是微不足道的一粒芥籽，但对我个人却具有里程碑的意义，是我不能忘却的情缘和恩泽。

上述之外，2012 年，我还在中华书局出版了读书随笔集《梅樱短笺》。这是平时研读中日著作的副墨，它满足了我在严肃论著之外随感性、甚至情感性的书写。这本书得以收入李世文先生主编的"园田文库"，我特别高兴。同时，像"园田文库"这样当代学人随笔丛书的出版，也记录了中华书局于古籍整理、学术专著之外，对于普及性图书出版的拓展探索吧。

在中华书局最新出版的是 2020 年《钱穆致徐复观信札》一书，我的工作和署名是"整理"。感谢中华书局俞国林先生向湖北博物馆借来先祖父遗墨的高清扫描件，交我整理。我就是把 1948 年到 1957 年间钱穆先生写给徐复观先生的书信资料，一一辨识录入，编次年月、排定格式而已。在带着感情完成任务的同时，不由感叹：自己也终于出了一本不是古籍整理的"整理"之书。

两本论著、三本译著、一本随笔、一本文献整理，记录了中华书局对我的恩泽。雪泥鸿爪总前缘，回忆至此，内心充满感谢与感慨之情。我要感谢中华书局，尤其要感谢前六本书的责任编辑马燕女士，感谢第七本书的责任编辑孟庆媛女士，她们认真地编审，仔细地核对引文，甚至书内理校发现内容方面的问题，都让我领略到一个高质量编辑的水平。在每一本书后，有我的感谢之语，谨此再申谢忱。并祝愿中华书局在第二个百年里，与时俱进，再创辉煌。

（作者系北京语言大学教授）

我与中华书局

刘　石

我与中华书局有三重关系。

第一是读者。从读研究生开始，老师就说买新印古籍要先买中华书局的，中华书局没有，再买其他出版社的。这样，我的（当然还有其他同学的）书架上太半都是中华书局的书，而且直到今天，我还是保持着这个习惯，跟学生也是说买书要先看中华书局有没有。

第二是员工。1991 年博士生毕业，我去中华书局求职，导师启功先生为我写了一封推荐信。这封信记得是跟他老人家说了后，第二天就让我去家中取的。取的时候启先生一句句地念给我听，还拿笔在一句话的旁边添了一个字。这样，我就顺利进入中华书局，从 1991 年 7 月到 1999 年 12 月，在局里工作了八年多。后来，中华书局要在早年《启功丛稿》一卷本的基础上出版多卷本，就安排我来承担编务，我将之视作一生中做过的最有意义的事情之一。启先生在书的《前言》中还特别提到"此次拙作《丛稿》再版，重编分卷以及篇目安排、文字校订，多承刘石先生相与商酌，用力极大"云云。我引出这段话是想让世人看看前辈为人师者的行事之风！

第三是作者。2007年，中华书局约请袁行霈先生组织班子，编写一套《中国文学作品选注》，与他主编的面向21世纪大学教材《中国文学史》配套使用，宋辽金部分即命我来主编。我想着也就200多篇，找人不易，统稿也麻烦，干脆就一人独力完成算了。这套教材出版后，多所学校取用之，每年重印。直到今天，我觉得还是同类教材中较为理想的一种。

后来我开始整理《法书要录》，利用老员工的便利，建议由我在中华书局时的同事和挚友刘彦捷做责编。刘彦捷对我既宽容又严格，宽容是容忍我一次次拖延交稿，严格是挑出了不计其数的问题。书在2021年出版后，入选年度中华书局"双十佳"。我跟她说："要说也应当，我不行，你还不行吗？"

有了这三重关系，中华书局之于我就与大多数人不完全一样了。有多少人和事令人难忘。不怕挂一漏万，就象征性地举几桩吧。

傅璇琮先生。启先生请傅先生作我的论文答辩主席后，我就开始向傅先生请教了，到中华书局后不消说更方便受到傅先生各方面的指导。有一天傅先生来到我的办公室，笑呵呵地递我一个纸包，打开一看，是一个雕花的玻璃盘。原来，这是送我的新婚礼物！后来我工作的具体部门发生变化，傅先生觉得再待下去对年轻人的成长不利，居然完全没有跟我通气，就向清华大学中文系推荐了我。当我第一次接到清华大学中文系打来的电话，让我去见见面聊一聊时，我还问："你们有什么事吗？"

许逸民先生。刚到中华书局不久，就听许先生说，中华书局什么人的稿都敢退，只要你有把握，还说他就刚刚退了一位老先生的稿。这个老先生的名字我当然记得，但不敢说出来。许先生的这句话，体现出中华书局人的底气，也体现出中华书局人的敬业。后来，当我在处理一些稿子犹豫不决的时候，就每每拿这句话给自己打气。我长期在许先生手下工作，那时的我年轻气盛，工作上有不同意见就直接表达，他都不以为意。有一次路上遇到他和他的老伴，见我右手绑着纱布，询问之下知是做饭时火苗灼伤了手。结果当天晚上，许先生亲自登门，送上一大袋馒头，说是老伴交待的，手伤了不方便做饭，先凑合几天吧。许先生的老伴已经去世多年了，我在这里默祷她安息！

刘宗汉先生。传说刘先生当年考取了张政烺先生的研究生，而且排名第一，但他主要是为了证明自己的能力，所以并没有去读。他这个年辈的学者，已经是新中国后接受的高等教育了，一般专门家多，博学家少，刘先生不然，他的学问十分广博，旧学功底相当深厚，很有比他还长一辈半辈学者的风范。有不懂而又不知上哪儿查去的，我第一时间就去请教刘先生，直到今天还是如此。去年写一篇谈古人书仪的文章，我和一位朋友产生了分歧，我说书信中"足下"一词当用在上对下，朋友说从秦汉开始就有用于下对上或平辈之间的，这就引起了我的思考：一个语辞在漫长的历史时段中，含义和用法往往迭经变化，我们今天应该怎么处理呢？刘先生不假思索地解答："民国以降使用的书仪是明清之交形成的，我们今天如果仿作，就应该参照这一时段的用法。"就是说，足下一词是用于上对下，而不宜反过来。

还有一点应当提及的，当年我和刘先生家住上下楼，犬子出生后，刘先生来家看望。他看着婴儿床里的娃娃说："令公子长得挺端正啊，就叫端端吧。"我们一听觉得挺好，长相端正固然重要，品行端正更是必须，于是就真取为犬子的小名了！

徐俊。我刚进中华书局时徐俊兄就是文学编辑室副主任，我的直接领导。后来官越当越大，直到当了掌门人。我离开中华书局后，他也曾离开过一段时间，不久上级要他回去，我劝他："别回啦，在社科院做研究有更好的条件。"他毫不犹豫地说："领导的信任辜负了不合适，再说我对书局是有感情的。"我刚到中华书局不久，要求年轻人献血，派到我身上。我都做好献的准备了，突然又通知不用献了。一打听，才知道是徐俊兄说的："人家单身，献了血回家连个做饭的人都没有，先别献了吧。"对同事细心如此，让我感动。

刘彦捷和张家珍。办公室这两位女同事都比我年轻，但业务水平、工作能力都比我强。当时刚兴用电脑，王码、郑码之类的输入法甚多。是她俩坚决跟我说，一定要学五笔输入法，学的时候虽然难点儿，学好了就一劳永逸。看我有畏难情绪，就鼓励我说："我们教你，我们俩一天就掌握了，估计你得长点儿，三天吧。"我心想：我能比你们笨三倍？学！终于，我在第四天学会了！

刘彦捷，北京大学中文系古典文献专业研究生毕业，不是拿这个吓人，我只是想说明她的古文献功底深厚是有原因的。她的最大问题是功名心不强，不想着凭自己扎实的学力做学术大厦的栋梁、椽子也罢了，连砖瓦也不愿做，只愿做砖瓦的钩缝剂。经她手的稿子，她总能挑出别人不见得能挑出的问题。她有一回说："我辛辛苦苦给某某的稿子挑了一堆错，他好像听不大明白，听明白了也不领情，还说我耽误了出版的进度！"有一次在一个项目评审会上，正好碰见了那位先生的申请材料，我就脱口而说："这申请不行。"旁边的人奇怪："你这不是还没看材料吗？"我说："不用看，刘彦捷早说过了！"

匡亚明先生。我们当年都尊称为匡老。匡老是我平生最尊敬的兼老革命、老学者于一身的老前辈。他是1926

匡亚明

年的共产党员，1992年出任国务院古籍整理出版规划小组第三任组长，当时就谋划创办一种杂志《传统文化与现代化》，后来我才知道，创办这个杂志的想法，至迟在延安就萌芽了！古籍小组一直指定中华书局作为办事机构，我就从文学编辑室抽调到古籍小组办公室，参与杂志的创刊和编辑。

匡老人在南京，有时会来北京，更多的时候是让我们去南京汇报工作。他对待年轻人一次也不曾疾颜厉色，交待工作态度明朗，语气却十分温婉。有一次他留我们在家用饭，席间我看他老人家高兴，就趁机说："匡老，想跟您要一样东西。"匡老应声问道："是字吗？"我应声而答："不是，是您新出的《孔子评传》。"于是我就得到了一本签名本《孔子评传》。我每当想起这件事就直后悔，深切地感觉脑子不转弯是多么的要命！要知道，匡老的书法当时就十分抢手，现在更是珍如拱璧了！

周绚隆。有人看到这儿会说了，周绚隆来中华书局没多久，跟你有什么关系？殊不知他在人民文学出版社从编辑而至副总编辑，我们是几十年的老朋友了。我在他老东家那里出的两种东西，《苏轼词选》和《诗画之间》，都是他约的或大笔一挥定的。他到中华书局时间是不长，但我知道他的学术能力、从业经验和工作作风，可望为这个百年名社续写辉煌！新近"梁佩兰事件"的快速处置，我虽不知内情，但从坦直真诚的态度、雷厉风行的风格看，觉得像是他的手笔。所以，我写他，可不能看作是对他作为中华书局继任掌门人的夤缘攀附，要说是，也只能说是对我度过八年青春的中华书局的夤缘攀附！更何况，这篇回忆文章是他专门打电话来要我写的，还没听完我扭捏的推脱，就说："我要开会了，你必须得写，挂了挂了！"电话就挂了。既然文章是他让我写的，不写写他，合适吗？

篇幅不容许我的回忆继续下去了，最后取李世民、李治父子《圣教序并记》里的句子，集成一副八言联，表达我对中华书局110年华诞诚挚的赞颂和由衷的祝愿：

截伪续真，随机化物；

瞻奇仰异，照古腾今。

（作者系清华大学教授）

中华之书局与书中之中华

——我与中华书局的多重因缘兼贺书局百十周年华诞

彭玉平

中华书局在我心目中就是一个厚实而沉稳、强固而饶有风神的存在。她早已构成我学术生命的一个重要组成部分。在我的邺架上、书桌旁，中华书局版书籍往往杂置左右，仿佛舳舻相继一般，她给了我无数恍如隔世、神光映照的静谧时光，而旁午俗事、不神接中华书局的日子则是令人惶恐的。

年前接到中华书局寄来信函，才知道她已经110岁了。

最近检读家藏中华书局之书，希望写一点情义深长的切实文字，以回馈中华书局数十年来对我身心和学术的涵养。但在一卷一卷翻过后，我反而心中彷徨，不知从何说起了。

我还是说说我与中华书局的缘分。不说读书与购书，此二事千头万绪，既然难免挂一漏万之讥，不如趁势转身，说说我在中华书局的出书经历和感受。

近十多年以来，我在中华书局出版的著作，总有六七种之多，其中既有普及性的《怡情书吧·人间词话》《人间词话译注》等，也有学术性的《人间词话疏证》《王国维词学与学缘研究》《况周颐与晚清民国词学》等。其中后两种皆入"国家哲学社会科学成果文库"，也都是借助中华书局的申报平台而获得这一荣誉的。而《人间词话疏证》一书先入"中国文学研究典籍丛刊"，再入"中华国学文库"，据说销量尚可观，略平我长存心中深恐拖累中华书局之忧。"中华国学文库"是中华书局百年华诞之时，在历年所出著作中精选若干而另成系列，带有纪念性质，我的小书能够入选，真是倍感光荣。

我最初属于被中华书局"发现"的作者，大概因为我写了不少关于《人间词话》的文章，某日邮箱中收到中华书局编辑的来信，希望我能为她新写一本解读《人间词话》的书。大意是作为经典读本，《人间词话》历来备受读者喜爱，但王国维充满哲学和美学意味的古典表达方式，也使得读者时有如在云端之感。我的任务便是把格调往上引，而把义理向下说，真正让经典活在更多人的心里。我那时沉在王国维的世界中已经有五六年之久，王国维的书也读得七七八八，相关的学术史著述整整塞满了一个书架，有的更是一读再读，私底下认为自己与王国维走得算是相当近了，甚至梦中也几度见到虽然长得艰难困苦却别具神采魅力的王国维，自忖解读一本《人间词话》还不是一件区区小事，所以一时竟忘了象征性地矜持一下，满口应承下来。

中华书局来信联系我的时候，我其实正在一则一则疏证《人间词话》手稿，已完成九成以上。但这不是他们当时所要的普及本，因为疏证稿征引文献众多，权衡裁断学术史、表达自己新见的地方所在多有，学术性偏强，对读者的要求相应也就偏高。当时他们与我约定，先完成普及版，而这本疏证则纳入"中国文学典籍研究丛刊"。一信而成二书，这是我没有想到的。他们循着学术找作者的方式，好像也是不多见的。

大约是第一本普及本《人间词话》出版一年后，编辑又来信，希望我再做一本译注本，大意是我的导读固然有助于读者的理解，但在文本阅读方面还是不免有些障碍，现代汉语译本则可以基本解决这一问题。我开始对翻译《人间词话》颇不以为然，认为理论著作的玄妙之处，就在可意会而已，要是译成现代汉语，或许失去了理论本身的魅力。但在编辑的要求下，我还是动手开始翻译了。

我一开始以为翻译是一件很简单的事情，结果第一则"词以境界为最上，有境界则自成高格，自有名句，五代、北宋之词所以独绝者在此"，就把我难住了。因为"最上"的境界不是一般的境界，如直用"境界"一词，则等于没有翻译。在王国维的语境中，"最上"之境其实是指"无我之境"和"不隔之境"，但我如果直接将"无我之境"

和"不隔之境"套进去，读者还是会不明底细。我这才知道，翻译原来如此艰难，而理论著作的翻译尤为艰难。我深感编辑对读者的了解远在我之上，译文原来如此重要。原本我以为一两周可以完成的工作，最终耗费了我两个月的时间。更大的问题是，即便花费了两个月的时间，我依然对译本心有惕惕，充满不安的感觉。普及真是一件看上去容易其实至难的工作，除了要求作者有精准的理解之外，还要有深入浅出的语言能力。翻译《人间词话》无形之中提升了我对普及工作的敬畏之心，这也是我受惠于中华书局的地方。

我关注、研究王国维的工作持续了十多年，先后写了数十篇专论，倾注了我大量心血，其中有不少在《文学遗产》《文学评论》《文艺研究》等重要刊物发表，逐渐产生一定影响。我当然希望这样一部在我学术生命最旺盛时光产出的成果能在中华书局出版，以接受读者更严峻的检验。蒙中华书局不弃，《王国维词学与学缘研究》书稿从中华书局上报全国哲学社会科学工作办公室，经"国家哲学社会科学成果文库"评审专家数轮评审后，幸得入选。

我的《况周颐与晚清民国词学》一书虽完成的时间不如《王国维词学与学缘研究》那么集中，但断断续续的研究也有近三十年。书中对学术史多有质疑甚至否定，虽然我的研究从不以质疑和否定为目标，但因为含玩多年，对一些问题的看法自然会形成自己的特点。但我的质疑与否定基本不在正文中出现，我赞成的会在正文中郑重具名引出，我质疑或否定的则在注释中列出相关文献，供有兴趣的读者参酌的对勘。这样一部隐含着一定学术锋芒的著作最后能在中华书局出版，我深感中华书局的格局之大。

在中华书局的诸多作者中，我自感天赋不高，但得益于勤读书、多思考、不苟同、不故立新说的学术态度，还是多少做出了一点成绩。我并不在意自己能在学术史上占有怎样的地位，但不作无益之文，则是我坚守的立场。我以前写过一部《倦月楼论话》，其中有云："非有新文献或新观点，勿刻意为文。盖文非一事，关涉多方，若不能自作主张，稍一布置，则左支右绌，难免落入他人窠臼，而不能成自家篇章矣。"又云："真学者大率谦抑有度，虚怀若谷，不见一丝傲气戾气。盖茫茫尘世，浩瀚典坟，以一人之力，所知者能有几何？即稍有涉猎者，亦或恐知之未必真，所造未必深。是学界狂夫，必非真学者。"在浩瀚的学术史中，个人的力量无疑是微薄的，而我可能就更微薄了。

中华书局百十周年华诞，不只是中华书局的一件大事，也是中国出版界的一件大事。过往的历史奠定了中华书局闳中肆外的学术之光，而中华书局的未来，我相信一定会更加璀璨。

中华书局，乃中华之书局，书中之中华也。

（作者系中山大学教授）

我与中华书局

安意如

作为一个读者，我是中华书局的老读者。作为一个作者，我是中华书局的新作者。

是很奇妙的缘分，在 2006 年，我刚刚来北京，进入出版行业时，我认识了中华书局的老师，彼时中华书局提出跟我合作，但我拒绝了。拒绝的原因是，我作为一个从小看中华书局的书长大的孩子，并没有在我开始从事写作的时候，做好与中华书局合作的准备。这种感觉就像你心里的白月光主动跟你说，我们交往吧。我想大多数的人未必敢一口应下，而是要回去默默琢磨，细细回味。

我不是自卑的人，却委实不曾（从未）自信到觉得自己有足够的才华和学识，是值得中华书局青眼有加的作者，所以我说，谢谢老师，等我磨砺几年，觉得自己有资格跟书局合作的时候，我再跟书局合作吧。

这一磨砺就磨砺到了 2020 年。诚然，从事写作的十四年来，我从未懈怠，亦不敢以轻慢的姿态面对任何一本书、一篇约稿的创作，可我还是觉得底蕴不够。每次到中华书局的书库和书店取书，我都像进了寺庙一样顶礼膜拜。那种知识自带的浩然正气总让我瑟瑟发抖，让我觉得自己是竖子和无知小儿。那些典籍更让我觉得，吾生也有涯而知也无涯。我这一辈子可能也来不及通览，而这个出版社里深藏着无数质朴渊博的编辑和学者，他们皓首穷经，他们不求闻达，他们是某种意义上的隐逸之士，深藏功与名，而我只是一只误入桃源、不求甚解的花哨蝴蝶。

这真的是我对自己的认知和定位，没有一字虚言。我觉得人可以不够聪明，但不能没有自知之明。

说话间到了 2020 年，那个秋天我回了拉萨，当我从大昭寺朝圣出来的时候，我接到了中华书局编辑的电话，她跟我说，想约稿，让我写二十四节气。

彼时正是白露方过，拉萨的艳阳照得人身心通透，半点不见秋日的颓丧，我看着碧蓝清空下的大昭寺，心中蓦然一动，想起外公多年前给我念的节气诗，想起数十年前的约定。觉得到了践行的时候。

我在脑海中过了一下二十四节气的知识和典故，内心有个声音对我说，可以写，但必须写好。莫名的，我觉得不能给中华书局丢人。

就像古代的士子不能给自己的座师丢人一样。

于是我对编辑说，我想一想，等我回北京再详谈吧。需要思考的原因是，我不想写一本罗列节气民俗、农耕物候的书，如果对节气有兴趣，自身古文功底过硬，我觉得读《四民月令》《东京梦华录》《梦粱录》《清嘉录》得来更直接。我也没有兴趣去跟现代人宣扬田园的美好、农耕社会慢生活的美妙，因为这些弥漫着闲人想当然的傲慢臆想。

我的兴趣在于，如何写一本落笔有情、字句有味的故人书，它绝不是为了写节气而写的，它是我站着中年的垭口，回复过往的昨日书，有情信。

时光翩跹，节气与诗词携手同至白首如新，回忆汹涌，化作漫天飞雪触枝生花。我是站在树下检点光阴的人，《二十四日》是我人生经历和情感的真实体现，揉杂了我的认知，它可以不那么夺目，却一定不是刻意卖弄学识给人看的。

当我回程经过拉萨河边，遥望着蓼花汀畔，寒山有冷月孤鸿，想到我生命中去而不返却至为重要的人时，我决定将二十四节气与我行走过的二十四座城联系起来，更精确地说，是将我曾与中华书局的兰因絮果描画出来。我首先想到的是，外公给我留下的中华书局的"二十四史"，他老人家总喜欢在讲史的同时给我说各种各样的诗词逸闻，还有我的父亲，他总是陪着我去逛书店，让我自己选书，他喜欢我在中华书局的书架前逗留，乐意给我买唐诗宋词的各种选本。

现在想到他们不会悲伤，写到他们心头却总会有一丝涩痛，我不是盼着他们复生，却还希望告诉他们，今天的我，过得很好。

我想我被他们潜移默化，言传身教，渐渐成为他们希望我成为的那种人，不因才华，无关声名，而是成为一个清醒自持，清柔和暖的人，对世事无常，人间爱恨没有过多的抱怨和痴缠。可以通过阅读身心自安，藉由手中的笔写出两三行，三两章，将红尘事，归欢喜处。

没有悲怨，不生爱恨，没有爱恨，不成文章。情绪是写作的动力，但写作的目的不是为了宣泄情绪，而是要用智慧去驾驭它，破除烦恼执障，恰如火中栽莲，将莲花和余香传递给懂的人。彼此心悦，彼此温暖。

试上高峰窥皓月，偶开天眼觑红尘。可怜身是眼中人——我没有过人的天赋和才华，却也没有过多的悲伤和困惑，因为一直在读书，一直在调伏自己的刚强心性。

在我价值观形成的关键时期，中华书局像一位老先生一样引领着、敲打着我，从最开始的《论语》，到《老》《庄》，再到佛经。这些书成为我探看这个世界的手杖，而诗词更像我喜爱的花草，是那些古籍，比亲人更贴近我的心，陪我度过漫漫长夜，那些智慧，修剪着我心念中横生蔓长的枝桠，令我在坐井观天的同时，没有作茧自缚，没有沦为井底之蛙。

在我的心上，永远有一间书斋是留给中华书局的，每次走进去，我都要默念："高山仰止，景行行止。"它有着连接古今，任君遨游的时空隧道；它有着儒释道三家的前贤大德，孜孜不倦，观机逗教；它有着星汉灿烂，山河影转。出没其间的人和事都是值得记取的，无论剑指楼兰还是玉树歌残。

这一隅心斋，如芥子纳须弥，我在其间观风月，品哀乐。时而豪情万丈，时而柔情漫溢，有时忧患陡生，自以为顿悟明察，更多的时候会深觉无力，因为自身的渺小和愚钝。我无数次悲哀清醒地认知到，有些人信手拈来的才华，是我一辈子望尘莫及的。人家江郎才尽还曾有才呢，我却是不才。甚至在认知层面，我都无法突破古人划定的框架，企及世界上那些最敏锐的大脑，更勿论突破。

偶赋凌云偶倦飞，承认自己是笨小孩，然后一路跪着走，真是让人郁闷挠墙复又释然的事。

不知不觉间，中华书局已经 110 岁了，我们的缘分延续了近三十年，我从事写作也有十多年了，时至今日，当我提笔写下这篇文章，我对它的敬畏和感恩只增不减。

如谢师恩，中华书局，这四个字在我心中，始终端静雅正，历历如新，皎如皓月。

我也会继续认真写作，继续这段善缘。

（作者系当代作家）